Werner Backes
Drachen bauen

Otto Maier Ravensburg

© 1987 Ravensburger Buchverlag Otto Maier GmbH
1. Auflage 1984
Alle Rechte vorbehalten
Fotos und Zeichnungen: Werner Backes
Satz: Fotosatz Ruderer, Grünkraut
Gesamtherstellung: Himmer, Augsburg
Printed in Germany

90 89   8 7 6

ISBN 3-473-42281-9

Inhalt

- 6 **Einleitung**

- 8 **Grundlagen und Materialien**
- 8 Drachen: Definition – Teile – Orientierung
- 9 Gerüst und Gerüstmaterial
- 11 Die Bespannung
- 13 Schwänze
- 15 Drachenwaagen
- 17 Drachenschnüre
- 18 Haspeln und Rollen
- 21 Klebstoffe und Werkzeug
- 22 Wie Drachen fliegen

- 25 **Bauanleitungen**

- 27 **Schlittendrachen (Sleds)**

- 34 **Flachdrachen**
- 34 Klassischer Spitzdrachen
- 41 Drachen nach dem Bauprinzip des Spitzdrachens
- 41 Rhomboiddrachen Typ „Abendschau", Sechszackiger Stern
- 42 Doppelter und dreifacher Rhombus
- 43 Großer Einkaufstütendrachen
- 46 Bogenspitzdrachen
- 48 Die Französische Birne
- 50 Hawaiischer Kreisdrachen
- 51 Chinesischer Orangendrachen
- 52 Blume

54 Zaubervogel
55 Die Eule aus Thailand

56 **Schlangendrachen**
59 Kopfvarianten für Schlangendrachen und Regenbogendrachen

60 **Zerlegbare Flachdrachen**
62 Zerlegbares Quadrat
65 Starre Quadrate
66 Zerlegbares Hexagon
67 Hexagonvarianten

70 **Drachen mit Flächenwinkel**
70 Der Eddy
74 Eddy-Winzling
76 Seeadler
79 Delta
82 Delta mit zwei Schwänzen
84 Müllsack-Delta mit Fransen
86 Lenkbarer Glite

90 **Kastendrachen**
90 Ein Kasten mit vielen Möglichkeiten
94 Flügel und Segel für den Kasten
98 Der Conyne
100 Der doppelte Conyne
102 Peter-Lynn-Kastendrachen

106 **Drachen für Eilige**

110 **Das Spiel mit den Drachen**
110 Das Fluggelände
110 Starten, Steigenlassen, Landen
115 Kastenkombinationen, Drachengespanne
118 Der Tatzelwurm
122 Mut zum Spielen
122 Drachenpost, Läufer und Drachenfähre
124 Höhenmessung mit einem Geo-Dreieck
126 Für alle Fälle
126 Drachen fotografieren
127 Luftaufnahmen

Ein kleiner Drachenhimmel: Doppelsled, Eddy, Peter-Lynn-Kastendrachen, Schwarze Schlange, Kasten mit Segel und Flügeln, Sled, Regenbogen und Hexagon „Bermuda".

Einleitung

In China, Japan und allen Ländern Ost- und Südostasiens, in Melanesien, Polynesien und den Malaiischen Inseln gehören Drachen zum Brauchtum, das auf jahrhundertealter, z. T. jahrtausendealter Tradition beruht. Das Drachenbauen und -steigenlassen ist nicht nur beliebter Volkssport, sondern auch verbunden mit kultischen und religiösen Handlungen.
Obwohl der erste Drachen Europas von dem griechischen Mathematiker Archytas von Tarent schon um 400 Jahre v. Chr. gebaut worden ist, die Römer eine Art Drachenbanner an Stangen führten und in mittelalterlichen Darstellungen ein „draco" zu finden ist, kam es in Europa zu keiner vergleichbaren Entwicklungen, wie in den Ländern des Fernen Ostens. Im Mittelalter brachten Handelsschiffe aus Asien Drachen mit, aus denen bei uns die klassischen Formen entstanden: in England der Bogenspitzdrachen, in Frankreich die Französische Birne und in Deutschland der Spitzdrachen, als deren gemeinsamer Vorfahre der Malaien-Drachen gilt.
Im 19. Jahrhundert wuchs das Interesse am Drachenbau, als man daran ging, die Luft zu erobern. Vor allem in den Vereinigten Staaten von Amerika, in England, Australien, Frankreich und auch in Deutschland ersann man eine große Zahl von Neuschöpfungen, die für naturwissenschaftliche Versuche, zu meteorologischen Messungen, militärischen Beobachtungs- und Verteidigungsaufgaben, Luftfotografie und, neben vielen anderen Zwecken, nicht zuletzt zu bemannten Flugversuchen eingesetzt wurden.
Nach dem Zweiten Weltkrieg gab es nochmals einen Ent-

wicklungsschub, dem wir so herrliche Erfindungen wie den Deltadrachen, den Schlittendrachen (Sled), den Parafoil und viele andere verdanken.
In jüngster Zeit, zweifellos begünstigt durch die Besinnung auf die alternativen natürlichen Energiequellen und das zunehmende Bedürfnis nach sinnvoller Freizeitbeschäftigung, beginnt man auch in Deutschland das Spiel mit dem Wind wieder zu entdecken.
Während in den USA, in England, Frankreich, den Niederlanden, Italien und vielen anderen Ländern große Drachenfestivals einen festen Platz im Jahresablauf haben, sind bei uns bis jetzt nur vereinzelt regionale Aktionen gestartet worden, die allerdings überraschend viele Drachenbastler und Schaulustige anlockten. Diese Drachenfestivals leben nicht von der großen Show perfektionierter Flugmaschinen, sondern von der engagierten Beteiligung vieler Drachenfreunde, die allein, mit ihrer Familie oder ihren Freunden eigene Schöpfungen in einen Wettbewerb einbringen oder einfach nur zum Vergnügen fliegen lassen.
Dieses Bändchen soll Sie ermuntern, Ihren Drachen ebenfalls selbst zu bauen. Von einfachsten Modellen aus werden Sie Schritt für Schritt zu anspruchsvolleren Konstruktionen geführt. Bewußt wird auf unnötigen theoretischen Ballast verzichtet; auch historische Beziehungen werden nur am Rande erwähnt. Im Mittelpunkt stehen die Bauanleitungen und der Umgang mit Drachen. Sämtliche Drachen, die hier vorgestellt werden, wurden von mir selbst und unter meiner Anleitung mehrmals gebaut. Es fanden nur solche Modelle Aufnahme, die ihre Flugtauglichkeit eindeutig unter Beweis stellen konnten.
Machen Sie sich ans Planen, bauen und gestalten Sie Ihren Drachen, von dem Sie sicher sein können, daß er einmalig auf dieser Welt ist. Wenn Sie Ihren Drachen im Wind spielen lassen, werden Sie in der Freude über einen gelungenen Flug nie allein sein.

Werner Backes

Grundlagen und Materialien

Drachen: Definition – Teile – Orientierung

Drachen, deren Bau hier beschrieben wird, sind Flugkörper, die an einer langen Schnur schräg in den Wind gehalten werden und dadurch einen Auftrieb erfahren.

Prägen Sie sich die Teile eines traditionellen Drachens ein.

Die Ortsbezeichnungen oben, unten, vorne und hinten werden nur in dem hier angegebenen Sinn gebraucht.

Flachdrachen werden in der Regel in den Bauanleitungen von hinten dargestellt, um das Gerüst als wesentlichen Teil der Konstruktion zeigen zu können.

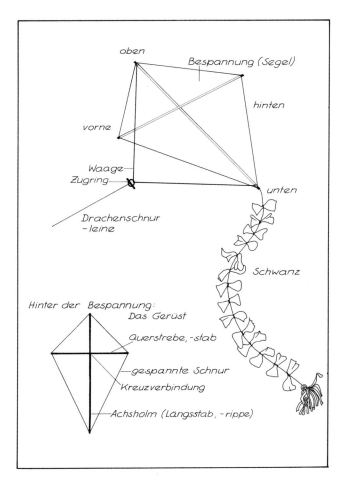

Gerüst und Gerüstmaterial

Kiefern-, Fichten- und Raminleisten von 2 bis 2,4 m Länge bekommt man in Bastlergeschäften, Bau- und Hobbymärkten und in Holzhandlungen meist mit den Querschnitten 5x5, 8x8, 5x10, 10x10, 10x15, 10x20, 5x20 und 5x30 mm. In Modellbaugeschäften finden Sie Kiefernleisten mit den Querschnitten 2x3, 3x3, 3x4, 2x5, 2x7 und 3x8 mm bis zu einer Länge von 1,5 m. Schreiner und Glaser können Leisten nach Ihren Wünschen genau zuschneiden.
Die meisten der vorgenannten Geschäfte führen auch Buchenrundstäbe mit 2, 3, 4, 5, 6, 7, 8, 10, 12 usw. mm Durchmesser.
Fichten und Raminrundstäbe werden meist erst ab 9 mm Durchmesser angeboten.
Bambusrohr und Bambussplittstäbe kauft man preiswert in Gartenbedarfsgeschäften.

Das Gerüst bildet das stützende Skelett des Drachens. Die Gerüstelemente sind meist starr miteinander verbunden. Bei manchen modernen halbflexiblen Drachen, z. B. Sled und Delta, sind die Stäbe gegeneinander beweglich angeordnet. Ein stabiles, aber gleichzeitig leichtes und ausgewogenes Gerüst ist Grundvoraussetzung für die Beständigkeit der Drachenkonstruktion und bestimmt auch wesentlich ihre Flugeigenschaften.

Als Gerüstmaterial eignen sich vor allem Holz, Glasfiber-, Kunststoff- und Aluminiumrohr. Hier verwenden wir ausschließlich Leisten und Rundstäbe aus Fichten-, Kiefern-, Ramin- und Buchenholz; daneben aber auch Bambusrohr, Bambussplittstäbe und Peddigrohr. Leisten aus Kiefern- oder Fichtenholz müssen unbedingt astfrei sein. Wählen Sie bei Ihrem Einkauf bevorzugt Leisten mit längs eng parallel verlaufenden Maserungen.

Das klassische Gerüstmaterial in Ost- und Südostasien ist Bambus. Bambusrohr bildet dort das Gerüst aller größeren Drachen. Bambussplittstäbe zeichnen sich durch hervorragende Elastizität und Zähigkeit aus. Man verwendet sie für leichte Drachen mit gebogenen Gerüstteilen. Es wird sich lohnen, wenn Sie sich mit der Bearbeitung von Bambus auseinandersetzen. Peddigrohr, das sich für den Rand von Kreisdrachen bewährt hat, sollte vor der Verarbeitung gut eingeweicht und zum Trocknen um einen großen runden Gegenstand, z. B. eine Fahrradfelge, gewickelt werden. Aus Schilfrohr kann man extrem leichte Gerüste herstellen. Bei allen natürlich gewachsenen Stäben muß man auf gute Massenverteilung achten.

Gerüstmaterial:
Links Fichten-, Ramin-, Kiefernleisten und -rundstäbe üblicher Querschnitte. In der Mitte Buchenrundstäbe.
Rechts, unter dem Werkzeug, Bambus und Bambussplittstäbe.
Rechts außen Schilfrohr.
Oben Peddigrohr.

Bambus spalten: Bambusrohr auf Unterlage spannen, alle Knöpfe gleichsinnig mit einem Stechbeitel durchtrennen und erst dann die entstandenen Schlitze mit einem kräftigen Messer verbinden. Wiederholtes Spalten und Bearbeiten mit Messer und Schleifpapier führt zu glatten Bambusleisten, die ausgezeichnete Drachengerüste liefern.

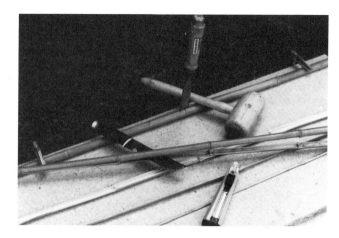

Jeder Querstab muß genau im Gleichgewicht sein. Die unregelmäßig geschnitzten Bambusleisten müssen sorgfältig ausbalanciert werden. Bearbeiten Sie die Leisten so lange, bis sie, in der Mitte unterstützt, im Gleichgewicht sind.

Vor dem Biegen sollten Sie das Holz gründlich in Wasser einweichen. Dünne astfreie Fichtenleisten lassen sich gut über einer Kerzenflamme biegen. Ideal für gebogene Gerüstteile sind die zähen Bambusleisten. Bessere Ergebnisse beim Biegen bekommen Sie über einer breiten Gasflamme. Im Wasserdampf können Sie Holz sehr schonend verformen.

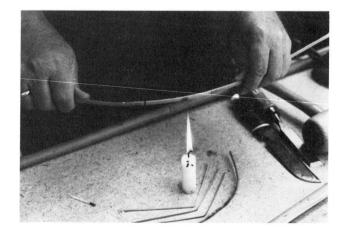

Einwandfreie Kerben schaffen Sie mit einer feinen Säge. Stabenden schützt man gegen Aufspalten, indem man sie mit Klebefilm oder -band oder mit Schnur umwickelt. Verleimte Schnurwicklungen dienen auch zur Befestigung von Drahtösen (Seite 15). Achten Sie besonders auf die Versorgung der Schnurenden.

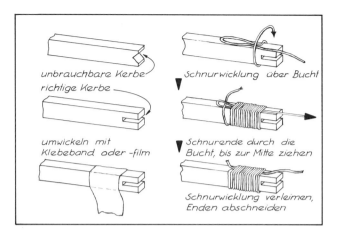

In Drachengeschäften finden Sie Verbindungsteile für Drachengerüste. In den Bauanleitungen wird beschrieben, wie Sie alle benötigten Verbindungen selbst mit Schnur und Klebstoff, Aluminiumrohr und Reparaturharz anfertigen können. Leinenband und Polyethylenschlauch werden öfter zum Verbinden von Gerüst und Bespannung eingesetzt.

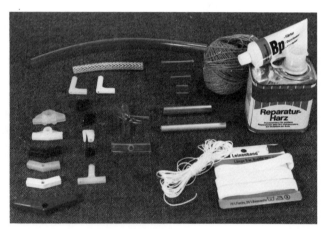

Die Bespannung

Die Bespannung hat die Aufgabe, den Wind so um den Drachen zu leiten, daß der gewünschte Auftrieb entsteht. Sie muß möglichst leicht, reißfest und von geringer Winddurchlässigkeit sein und den Drachen schmücken.

Die klassischen Bespannmaterialien des Fernen Ostens sind Seide und Papier. Wir bespannen Drachen mittlerer Größe am besten mit transparentem Drachenpapier (Pergamin), dünnem Pack- oder Zeitungspapier. Seidenpapier ist unübertroffen für leichte farbenprächtige Drachen. Die Reißfestigkeit dieser zarten Gebilde kann man durch Besprühen mit farblosem Lack (Vorversuche!) wesentlich verbessern. Papier klebt man am besten mit Papier- oder Alleskleber oder mit Tapetenkleister.
Alle Kunststoffolien ergeben porenfreie und flexible Drachenflächen. Polyethylenfolie wird mit Klebefilm auf dem Gerüst befestigt oder mit dem Lötkolben geschweißt. PVC- und Mylarfolie (Polyesterfolie) kann man auch mit Spezial- oder Kontaktklebern verarbeiten.

Drachen- und Seidenpapier kaufen Sie im Schreibwarengeschäft. Bei Zeitungsdruckereien kann man billig Restrollen erstehen. Lange Papierbahnen können Sie auch in Geschäften erhalten, die ihre Waren in Papier von der Rolle verpacken.

Kunststoffolien erhält man am bequemsten aus Müllsäcken und Einkaufstüten. Drachengeschäfte führen Mylarfolie und HDPE-Schlauch (Polyethylenfolie). Stoffe kauft man besonders preiswert in Warenhäusern.

Spinnakernylon und Tyvek beziehen Sie über Drachenspezialgeschäfte. Spinnakernylon kann man zuweilen auch als Reste bei Herstellern von Segeln und Zelten erhalten.

Für große zerlegbare, besonders aber für dreidimensionale Drachen haben sich Gewebestoffe als Bespannung bewährt. Jeder Stoff ist brauchbar, der leicht, dicht und reißfest ist und seine Form gut hält. Neben Baumwollstoffen in den unterschiedlichsten Qualitäten lassen sich auch Gewebe aus synthetischen Fasern, wie Kunstseide (Faschingsseide, Futterstoffe), Trevira-, Nylon-, Polyesterstoffe u. v. a. m. sehr gut verarbeiten. Stoffe aus Naturfasern schneiden Sie mit einer guten Schere oder mit scharfem Messer und Lineal. Dagegen können Sie die meisten Synthetikgewebe auch mit dem Lötkolben „schneiden", was den Vorteil hat, daß die Fäden an den Rändern verschmelzen und beim Einsäumen zumindest ein Umschlag gespart werden kann. Der Umgang mit Stoff hat für den Drachenbastler seine Schrecken verloren, seit es Gewebekleber gibt, die weitgehend Nähmaschine, Nadel und Faden, zumindest aber Stecknadeln und Heftfäden ersetzen können.

Ein hervorragendes Material für Hochleistungsdrachen ist Spinnakernylon (Ripstop), ein unverwüstliches Gewebe, das für Segel von Rennbooten entwickelt wurde und in vielen leuchtenden Farben angeboten wird. Wenn man die Ränder des Spinnakernylons mit einem Lötkolben sauber verschmilzt, kann man weitgehend auf Säume verzichten. Allerdings hat Spinnakernylon den Nachteil, daß es sich weder kleben noch färben oder bemalen läßt. Die glatte Oberfläche ist für die Windschlüpfigkeit von Vorteil, kann aber beim Nähen zum Schrecken werden. Der Anfänger sollte griffige Gewebe bevorzugen.

Bespannmaterial: Oben Seiden-, Transparent-, Pack- und Zeitungspapier (Restrolle). Rechts Kunststoffolien auf Rollen, Einkaufstüten und Müllsäcke. Unten Baumwoll- und Synthetikstoffe. Links Spinnakernylon und Tyvek (weiß).

Tyvek ist ein neues, wirklich ausgezeichnetes, bei hoher Reißfestigkeit extrem leichtes (ab 40 g/m^2) Material, ein Wirrvlies aus Polyethylenfäden, das sich sehr gut kleben und nähen, einfärben und bemalen läßt und dessen Ränder weder aufgehen noch einreißen. Es ist für Bespannungen am vielseitigsten verwendbar.

Schwänze

Alle Flachdrachen benötigen zur Stabilisierung einen wirkungsvollen Schwanz.

Schwänze haben die Aufgabe, dem Drachen Richtungsstabilität zu verleihen. Ihre Wirksamkeit hängt nicht, wie oftmals fälschlich angenommen, nur von ihrem Gewicht, sondern auch von ihrer Länge, der Elastizität und der Struktur, die für den Luftwiderstand verantwortlich ist, ab. Darüber hinaus bietet der Schwanz eine zusätzliche Möglichkeit, den Drachen zu schmücken.

Mit traditionellen Schleifen- (Maschen-) und Quastenschwänzen schmückt man die klassischen Flachdrachen. Sie bringen, wie kaum eine andere Schwanzform, hervorragende Richtungsstabilität. Ihr Nachteil: Sie verheddern sehr leicht.

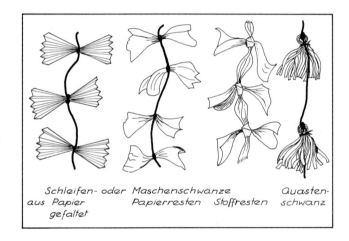

Schleifen- oder Maschenschwänze
aus Papier   Papierresten   Stoffresten   Quastenschwanz
gefaltet

Die Sprossen des Leiterschwanzes bestehen aus Kartonstreifen. Bänder- und Fransenschwänze bestehen aus Kunststofffolie, Papier (Kreppapier) oder Stoff. Baustellenabsperrband liefert billige Folienstrippen. PVC-Schlauchschwänze verwendet man bei Kunstflugdrachen. Der Schlaufenschwanz aus Papier oder Kunststofffolie zeigt gute Wirkung bei großen Drachen.

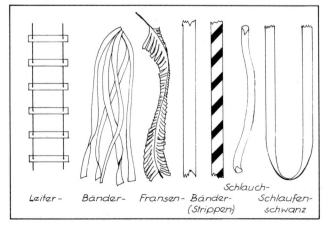

Leiter-   Bänder-   Fransen-   Bänder-(Strippen)   Schlauch-Schlaufenschwanz

Für den Maschenschwanz knüpft man akurat gefaltete DIN-A4-Blätter oder bunte Reste von Drachen- oder Seidenpapier in eine Schnur ein. Stoffreste knotet man direkt aneinander. Drachenbastler werfen bunte Papier- und Stoffreste niemals weg.

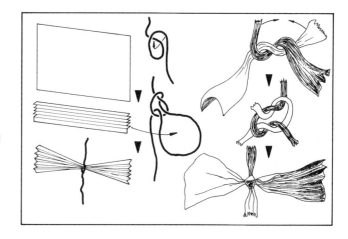

Ein Abschnitt einer Kreppapierrolle liefert im Nu einen Bänderschwanz, den Sie noch mit Löchern schmücken können. Notfalls genügt dafür auch Zeitungspapier. Bunte Fransenbänder lassen sich ebenfalls rationell aus Kreppapier herstellen.

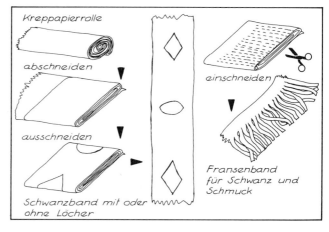

Zum Transport sollte man einen Schwanz vom Drachen loslösen können. Die Papierbespannung schützt man bleibend mit Klebefilm, um die Klebefilmstreifen, mit denen das Schwanzband befestigt wird, ohne Beschädigung abziehen zu können. Um zu verhindern, daß Schwanz oder Schwanzwaage zusammendrehen, bringt man Schwänze am besten so an, daß sie frei rotieren können. Die Eigenkonstruktionen aus Draht haben sich am besten bewährt.

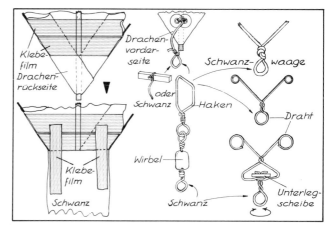

Drachenwaagen

Für die Drachenwaagen haben sich geflochtene Nylon- oder Perlonschnüre von 1 bis 2 mm Durchmesser hervorragend bewährt. In den Bauanleitungen werden Grobmaße in cm für die Schenkel der Waagen in der Reihenfolge oben/ unten angegeben. Die Feinabstimmung müssen Sie an Ihrem Drachen empirisch ermitteln.

Die Waage ist das Bindeglied zwischen Drachen und Halteleine. Sie sorgt dafür, daß der Drachen die richtige Stellung zum Wind erhält. Sie muß so befestigt sein, daß die beiden Drachenhälften im Gleichgewicht sind (Foto Seite 38). Der Zugpunkt (das ist der Punkt, in dem die Schnüre der Drachenwaage zusammenlaufen und auch die Drachenschnur befestigt wird) muß sich zur Einstellung der Waage auf den Waagenschnüren verschieben lassen. Bei den verwendeten zwei-, drei- und vierschenkeligen Waagen bedient man sich einfacher Einstellhilfen.
Beim Deltadrachen ist der Kiel auch gleichzeitig die Waage. Hargrave flog seine Kastendrachen prinzipiell ohne Waage. Er befestigte die Drachenleine direkt am Gerüst (siehe Foto Seite 91).

Die Waage befestigen Sie direkt am Gerüst mit dem Webeleinenstek, an einer Schnurwicklung oder Drahtöse mit einem Achtknoten. Legt man die Waagenschnur nur mit einem Slipstek über die Tasche, so läßt sich der Gerüststab leicht entfernen.

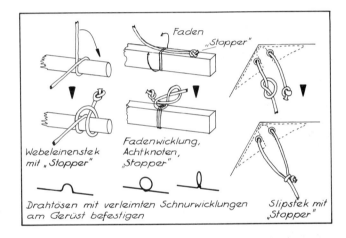

Webeleinenstek mit „Stopper"

Fadenwicklung, Achtknoten, „Stopper"

Drahtösen mit verleimten Schnurwicklungen am Gerüst befestigen

Slipstek mit „Stopper"

Zweischenkelige Waagen werden mit einem Aluminiumring eingestellt. Auch Messinghohlringe, Öffnerringe von Getränkedosen oder nicht scharfkantige Unterlegscheiben sind brauchbar. In Papier- und Kunststoffbespannungen werden die Durchlässe für die Waagenschnüre mit Lochverstärkungsringen gesichert.

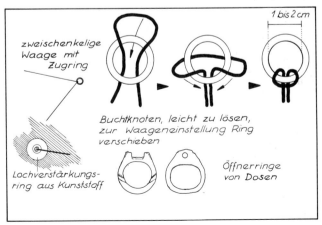

zweischenkelige Waage mit Zugring

Buchtknoten, leicht zu lösen, zur Waageneinstellung Ring verschieben

Lochverstärkungsring aus Kunststoff

Öffnerringe von Dosen

Die beiden gleich langen Schenkel der dreischenkeligen Waage werden durch eine Schnur gebildet, deren Mitte Sie an der Einstellhilfe befestigen. Der dritte Waagenschenkel wird durch die Löcher gezogen und läßt sich zur genauen Einstellung leicht lockern und damit in seiner Länge verändern.

Aus einer Dosenklemme erhalten Sie eine Einstellhilfe für drei-, vier- und mehrschenkelige Waagen.
Nehmen Sie für je zwei Schenkel möglichst nur eine Schnur. Wenn Sie Ihre Schnüre vor und hinter der Einstellhilfe farbig markieren, erleichtern Sie sich die Einstellarbeit ganz wesentlich.

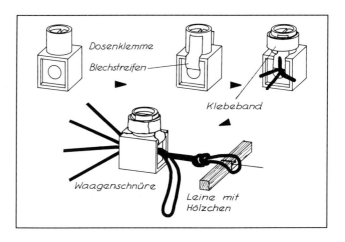

Der Startanstellwinkel ist meist 70° bis 80°. Halten Sie den Drachen am Zugpunkt und messen Sie seine Neigung zur Waagrechten. Ein Taschenrechner liefert die trigonometrischen Größen, wenn Sie Längen- statt Winkelmessungen bevorzugen. Der richtige Einstellwinkel muß immer im Flugversuch gefunden werden!

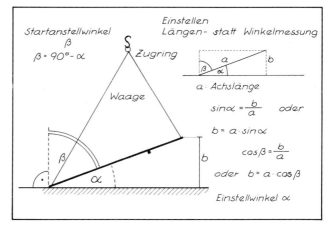

Startanstellwinkel β
$\beta = 90° - \alpha$

Einstellen Längen- statt Winkelmessung

a: Achslänge

$\sin\alpha = \dfrac{b}{a}$ oder

$b = a \cdot \sin\alpha$

$\cos\beta = \dfrac{b}{a}$

oder $b = a \cdot \cos\beta$

Einstellwinkel α

Der Anstellwinkel ist beim Start sehr steil. Diese kritische Stellung muß der Drachen schnell überwinden. Der Anstellwinkel, in dem er sich in der Höhe stabilisiert, ist von der Waageneinstellung und der gesamten Konstruktion abhängig. Bei starkem Wind müssen Sie Ihren Drachen flacher einstellen.

Drachenschnüre

Drachenschnüre oder -leinen bekommen Sie überall, wo es Drachen zu kaufen gibt, und in vielen Schreibwarengeschäften. Gute geflochtene Schnüre finden Sie in Seilereien und in manchen Baumärkten. Drachenspezialisten verfügen über ein umfangreiches Sortiment spezieller Leinen.

Drachenschnüre müssen eine zuverlässige Verbindung zwischen dem Drachenpiloten und seinem Drachen herstellen. Sie sollen leicht und reißfest sein und möglichst geringen Luftwiderstand besitzen.

Für leichte Drachen verwendet man zuweilen noch gedrehte Schnüre aus Naturfasern (Flachs oder Baumwolle), deren Eigenschaften durch Einwachsen wesentlich verbessert werden können. Als Leinen für größere Drachen eignen sich gedrehte, für sehr hohe Belastungen geflochtene Schnüre aus Kunstfasern, wie Nylon, Perlon oder Polyester. In der Regel ist auf diesen Leinen die Belastbarkeit in kp angegeben. Wählen Sie eine Leine, die niemals bis zur Grenze belastet werden muß. Berühren sich gespannte Schnüre, können sie sich durchscheuern.

Bei gleicher Belastbarkeit sind die geflochtenen den gedrehten Schnüren vorzuziehen. Mit einfädigen Schnüren habe ich nur schlechte Erfahrungen gemacht. Schützen Sie die Enden von Kunstfaserschnüren durch Verschmelzen gegen Aufdrehen und Ausfransen. Verwenden Sie niemals Leinen, die Metallfäden enthalten.

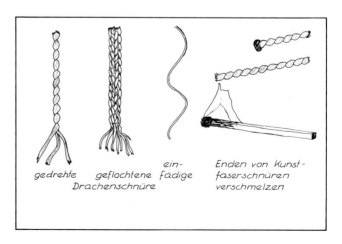

gedrehte geflochtene einfädige Drachenschnüre Enden von Kunstfaserschnüren verschmelzen

17

Zur schnellen Befestigung an der Waage trägt die Drachenschnur am Ende ein kleines Hölzchen oder einen Haken mit Wirbel. Um zwei Schnüre zusammenzubinden, verwenden Sie einen Freihandknoten. Bessere Verbindungen liefern Weberknoten und Fischerstek.

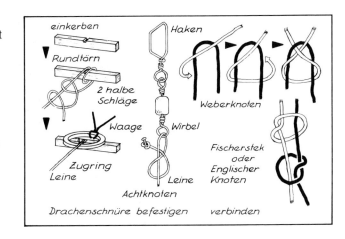

„O"- und „D"-Ringe, Schnurspanner und Haken mit Wirbel führt jeder Drachenspezialist. Haken mit Wirbel bekommen Sie auch im Anglergeschäft. Dosenklemmen finden Sie im Elektrofachgeschäft oder im Baumarkt.

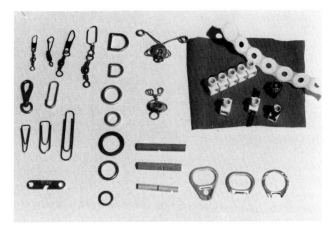

Haspeln und Rollen

Spätestens beim Aufspulen der Schnur artet Drachensteigen in Arbeit aus.

Einfache und stabile Haspeln sind manchen teuren Leinenrollen überlegen.

Alle Fingerfertigkeit beim kunstvollen Aufwickeln der Schnur auf einen einzelnen kurzen Rundstab kann nicht darüber hinwegtäuschen, daß dies die mühseligste Methode ist, eine Drachenschnur zu versorgen. Sie brauchen aber auch keine raffinierte Maschine zum Aufspulen. In wenigen Minuten lassen sich aus kräftigem Sperrholz, gehobelten Brettchen oder Latten einfache Haspeln herstellen, die das Drachenvergnügen steigern, im Gebrauch unkompliziert und beinahe unverwüstlich sind. Um zu vermeiden, daß die Drachenleine aufgescheuert werden kann, müssen alle Kanten, die mit ihr in Berührung kommen, sauber verschliffen und möglichst lackiert sein. Vermeiden Sie es, Drachenschnüre naß oder unter hohem Zug aufzuwickeln.

Ein so kunstvolles Knäuel zu wickeln, ist sehr mühsam (oben). Die Haspel links ist aus einem Buchenholzbrettchen und einem Besenstiel entstanden. Einen geringeren Aufwand erforderte die Haspel aus Sperrholz.

Oben eine sehr handliche Haspel mit drehbaren Griffen, deren Körper aus drei Abschnitten einer gehobelten Dachlatte zusammengesetzt wurde. Für Lenkdrachen benutzt man zwei Schnüre auf Griffen, die man auch aus Sperrholz selbst herstellen kann.

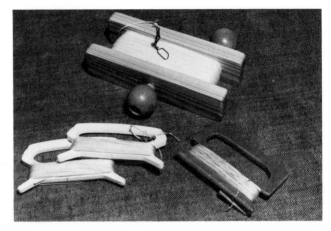

Die große Rolle

Sie brauchen: Sperrholz, 10 mm stark; Aluminiumrohr, ⌀ 8 mm außen, 6 mm innen. Gewindestab, M6; Unterlegscheiben, 6 mm und 8 mm; Papprohr, ⌀ 12 cm (Kern einer Teppichrolle vom Bodenleger); Spanplattenschrauben, 3 x 25 mm; Schraubenmuttern, M6; 1 Schloßschraube, 6 x 60 mm. Holz für die Halterung; 1 gedrechselten Griff (Möbelgriff); Leim, Klarlack.

Sägen Sie die zwei Seitenteile der Trommel mit 18 bis 20 cm Durchmesser aus dem Sperrholz aus und zeichnen Sie auf beide je zwei konzentrische Kreise mit dem inneren und äußeren Durchmesser des Papprohrs. Löcher bohren und sägen, Kanten abrunden und verschleifen, Trommel mit Weißleim und Holzschrauben zusammenfügen, trocknen lassen, Sperrholz gründlich abschleifen und lackieren, trocknen lassen, nochmals abschleifen und lackieren. Das Anpassen der Achsen ist bei den Zeichnungen beschrieben.

Die Halterung machen Sie am besten aus Fichten- oder Kiefernholz. Die im Foto gezeigte läßt sich gegen den Körper drücken, so daß man beim Kurbeln eine gute Stütze hat.

So bemessen Sie die Länge der Achse: Aluminiumrohr durch die Bohrung in der Mitte der Trommel stecken, links und rechts je eine 8er-Unterlegscheibe drauf, bündig anschieben, Aluminiumrohr mit der Länge c abschneiden. Gewindestab einführen, links und rechts 6er-Unterlegscheiben drauf, mit SM1 und SM2 Alu-Rohr festschrauben. Halterung anbringen, eventuell Kontermutter bei SM1 einrechnen, Gewindestab abschneiden. Am Drehgriff verfahren Sie entsprechend: Das Alu-Rohr wird genau wie bei der Mittelachse abgemessen und dann mit der Schloßschraube starr befestigt. Griff und Trommel drehen jeweils auf dem Aluminiumrohr!

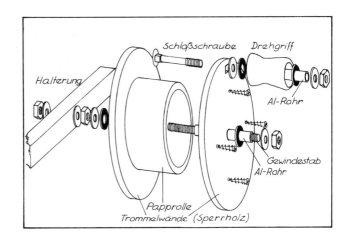

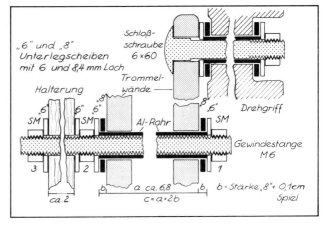

Die fertige Rolle hat eine solide Halterung, die Sie nach Ihren persönlichen Bedürfnissen so gestalten, daß Sie beim Kurbeln eine gute Stütze haben, wenn Sie den hinteren Bügel gegen den Körper pressen. Als Halterung eignet sich auch ein Griff, der aus einer Dachlatte geformt wurde.

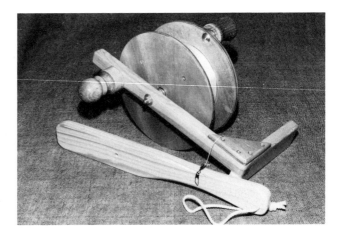

Klebstoffe

Für Holzverbindungen ist Holzleim unübertroffen. Ohne Vielzweck- oder Alleskleber, Klebefilm und -band werden Sie kaum auskommen. Von den Spezialklebern ist der Gewebekleber besonders nützlich. Tapetenkleister liefert billige und leichte Papierverklebungen.

Werkzeug

Dieses Werkzeug genügt für den Bau der meisten Drachen:
Schere, Bastelmesser, Schraubendreher, Holzspießchen, Nähutensilien, kleine Säge, Streichhölzer, Meterstab, Schreib- und Zeichengeräte, Schleifpapier.

Nützlich, aber nicht unbedingt erforderlich sind: verschieden geformte Zangen, Seitenschneider, Ösen und Ösenwerkzeug (Ösenzange), Stechahle (Spitze immer mit Korken schützen), Stechbeitel, kleiner Handbohrer. Spannvorrichtungen, wie Schraubzwingen und ein Schraubstock, können große Hilfen sein.

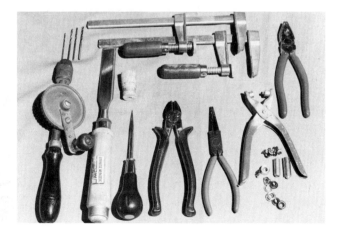

Wie Drachen fliegen

Bei Flugzeugen sorgt das Tragflügelprofil für Auftrieb.

Drachen haben meist ebene Flächen.

Drachen haben eine größere Dichte als Luft und werden aufgrund ihrer Gewichtskraft zu Boden gezogen. Ein Flugzeugflügel, der die Luft durchschneidet, beschleunigt die Luft auf der Oberseite und verlangsamt sie auf der Unterseite der Tragfläche. Nach der Bernoullischen Gleichung nimmt der statische Druck einer Flüssigkeit oder eines Gases mit der Geschwindigkeit ab. Es entsteht also über dem Tragflügel ein niedrigerer Druck als auf seiner Unterseite. Daraus resultiert der Auftrieb. Bei einer glatten Fläche, wie sie die meisten Drachen darstellen, spielt dieser Effekt nur eine geringe Rolle. Die Drachenwaage muß die Drachenfläche mit einem Winkel von mindestens 18° zum Wind stellen. In dieser überzogenen Fluglage wird die anströmende Luft nach unten abgelenkt, erfährt also durch den

In horizontaler Fluglage ist der Flügel nur wenig angestellt. Der Luftwiderstand muß durch den Antrieb des Flugzeuges überwunden werden. Der Auftrieb entspricht der Gewichtskraft.

In überzogener Fluglage kann der verminderte Druck über dem Flügel nicht aufgebaut werden. Das Flugzeug sackt ab, da die Gewichtskraft größer als der Auftrieb ist.

Die meisten Drachen fliegen in überzogener Fluglage. Die Luftkraft ergibt sich in der Hauptsache aus der Ablenkung der Luft nach unten. Diese Kraft reicht aus, den Drachen zu heben, da die Drachenfläche im Verhältnis zur Gewichtskraft sehr groß ist.

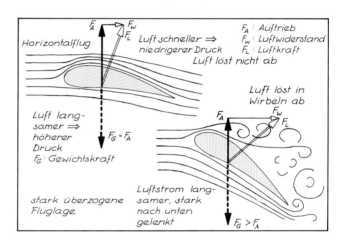

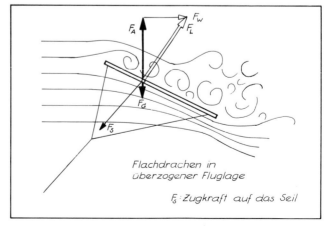

Flachdrachen in überzogener Fluglage

F_S: Zugkraft auf das Seil

Die Luftkraft steigt mit der Windgeschwindigkeit an. Durch Verkleinerung des Anstellwinkels (Waage flacher einstellen) und durch Verlängerung des Schwanzes, bei gebogenen Drachen auch durch stärkeres Krümmen der Querstrebe, kann man einen Drachen an die neuen Verhältnisse anpassen.

Instabilitätsachsen

Elemente, die Flugstabilität bedingen

Drachen eine schräg nach unten gerichtete Kraft, deren Gegenkraft, die Luftkraft, auf den Drachen wirkt. Die Luftkraft läßt sich in zwei Komponenten zerlegen: den Luftwiderstand (Zug), der den Drachen in der Horizontalen wegbewegen will, und die Auftriebskraft, die mindestens die Gewichtskraft des Drachens und der Schnur aufheben muß. Steht der Drachen ruhig in der Höhe, so gleicht die Zugkraft an der Schnur den Luftwiderstand und den Überschuß an Auftriebskraft aus. Fällt die Zugkraft an der Schnur weg, verliert der Drachen seine Stellung zum Wind. Er wird sich vom Piloten wegbewegen und gleichzeitig abstürzen.

Ganz bestimmt kommt bei den gebauschten Drachen, z. B. beim Delta, zu der oben beschriebenen Auftriebskraft noch ein Auftrieb durch den Tragflügeleffekt hinzu. Diese Drachen kann man zeitweilig flach im Wind segelnd beobachten, wobei kaum eine Kraft auf der Leine zu spüren ist. Über erhitztem Land leistet auch die Thermik, das sind aufgrund der Erwärmung aufwärts gerichtete Luftströme, einen Beitrag zum Auftrieb.

Wie bei jedem Flugkörper, gibt es auch bei Drachen drei Drehachsen (Instabilitätsachsen), die durch den Schwerpunkt gehen und senkrecht aufeinander stehen: die Längs-, die Quer- und die Hochachse. Ein Drachen kann nur dann flugstabil sein, wenn Drehungen um diese Achsen verhindert werden, zumindest aber kontrollierbar bleiben. Es gibt eine ganze Reihe von Elementen, die die Flugstabilität bedingen. Die wichtigsten sind Gleichgewicht der Drachenhälften und Massenverteilung, die Form des Drachens, seine Trimmung, Schwänze und Stabilisierungsstreifen, Kiele und Löcher. Bei dreidimensionalen Drachen kommt den senkrechten Komponenten der Bespannung und dem Flächenwinkel eine besondere Bedeutung zu. Unter welchem Sichtwinkel, vom Piloten aus, sich der Drachen in der Höhe stabilisiert, hängt vom Zusammenspiel sehr vieler Faktoren ab und ist niemals exakt vorherzusagen.

In der Drachenwerkstatt: Ein Sled mit Ed-Grauel-Öffnungen wird aus einem Müllsack zugeschnitten.

Bauanleitungen

Vorbemerkungen

Wenn Sie den Bau eines Drachens planen, lesen Sie zunächst die ganze Bauanleitung sorgfältig durch. Vielfach sind einzelne Arbeitsgänge nur bei vorausgegangenen Drachen oder im Kapitel „Grundlagen und Materialien" detailliert dargestellt. So ist es z. B. unerläßlich, die Bauanleitung des Spitzdrachens aufmerksam durchzulesen, bevor man einen der nachfolgenden Flachdrachen baut.

Hauptziel der Bauanleitungen ist, Sie zu flugtauglichen Drachenmodellen zu führen. Gestalterische und schmückende Elemente werden nur vereinzelt erwähnt. Lassen Sie in dieser Hinsicht Ihrer Fantasie freien Lauf.

Vermaßung in cm

Die Baupläne sind dort, wo es sinnvoll erschien, genau vermaßt. Alle Maße sind, falls nicht anders bezeichnet, in cm angegeben. Bei Stabkreuzungen ist immer bis zur Stabmitte gemessen. Maße und Materialien beziehen sich auf das fotografisch vorgestellte Modell, das auf seine Flugtüchtigkeit geprüft wurde. Sie können natürlich auch andere Materialien wählen und die Maße ändern. Beachten Sie aber auch, daß viele der beschriebenen Drachen an die üblichen Maße der Materialien angepaßt sind.

Proportionen beibehalten

Wenn Sie einen Drachen größer oder kleiner, als hier dargestellt, bauen wollen, sollten Sie dennoch die Proportionen nicht wesentlich verändern. Fertigen Sie zunächst eine Skizze oder Schablone, in die Sie Ihre umgerechneten Maße eintragen. Nehmen Sie z. B. das beabsichtigte Maß des Achsholms (A) und das des Achsholms aus dem Plan (a) und bilden Sie den Quotienten A durch a. Mit diesem Quotienten multiplizieren Sie alle Maße aus der Bauanleitung. Bei nicht streng geometrischen Drachen, wie den

Vergrößern und verkleinern

Vogeldrachen, bedienen Sie sich des Rasters, um die Schablone für die Bespannung zu zeichnen. Sie können natürlich auch ein Diapositiv oder -negativ anfertigen und dann das projizierte Bild nachzeichnen.

Denken Sie daran, daß Sie die Stärke der Gerüststäbe an die neuen Dimensionen anpassen müssen. Lineares Umrechnen genügt hier nicht! Den Vergrößerungen und Verkleinerungen sind Grenzen gesetzt, ab denen es ohne wesentliche Konstruktionsänderungen nicht geht.

Material aus Drachengeschäften

Kümmern Sie sich rechtzeitig um die Materialien, die Sie für Ihren Drachen benötigen. Heute gibt es in fast allen größeren Städten spezielle Drachengeschäfte. Dort erhalten Sie alles, was Sie zum Drachenbauen brauchen.

Arbeitsplatz

Für das Drachenbauen benötigen Sie keine Werkstatt und keinen Maschinenpark. Ein solider großflächiger Tisch oder ein freier Platz auf einem ebenen Fußboden reicht aus. Sehr günstig arbeitet man auf einer großen Platte aus Preßspan oder Preßpappe. In den Bauanleitungen sind nur vereinzelt spezielle Werkzeuge verlangt, das Standardwerkzeug wird immer vorausgesetzt und ergibt sich aus den verwendeten Materialien.

Fangen Sie an!

Die folgenden Bauanleitungen sind möglichst mit steigendem Schwierigkeitsgrad angeordnet. An diesen systematischen Gang habe ich ein Kapitel mit kleinen und einfachen Drachen für Eilige angefügt. Wenn Sie spontan, ohne große Vorbereitung bauen wollen, beginnen Sie mit einem dieser Winzlinge. Können Sie in Ruhe planen und alles Nötige besorgen, dann sollte Ihr erster Drachen ein Sled oder ein Flachdrachen, am besten ein klassischer Spitzdrachen sein.

Schlittendrachen (Sleds)

Sled mit Ed-Grauel-Öffnungen

Sie brauchen:
Einen 90-Liter-Müllsack oder entsprechende Plastikfolie; 2 Weichholzleisten, 78 cm lang, 3 x 5 mm oder 5 x 5 mm stark, oder entsprechende Rundstäbe; Klebeband, Klebefilm, Schaschlikstäbchen, Schnur für die Waage.

Der halbflexible Schlittendrachen ist eine moderne Drachenschöpfung, die William M. Allison (USA) 1950 zum Patent anmeldete. Seine erste Konstruktion war ohne Luftlöcher, hatte zwei Längsstäbe und war nur für geringe Windgeschwindigkeiten geeignet. Die Flugstabilität verbesserte sich, als in der Mitte ein dritter Längsstab eingefügt und die Baldachinfläche nach unten verjüngt wurde. Frank Scott, ebenfalls ein amerikanischer Drachenbauer, schnitt in den unteren Teil der Bespannung Luftlöcher und erreichte dadurch, daß der Scott-Allison-Schlitten mit zwei parallelen Längsstäben auch bei mittleren Windgeschwindigkeiten zuverlässig flog. Im Laufe der Entwicklung erwiesen sich die Öffnungen nach Ed Grauel als ganz besonders wirkungsvoll.

Als Bespannung eignet sich leichter Stoff, Tyvek, Mylarfolie oder, wenn man besonders preiswert bauen möchte, PVC- oder Polyethylenfolie, am einfachsten ein 90-Liter-Müllsack, der in jedem Haushaltwarengeschäft zu haben ist.

Aufgrund des geringen finanziellen Aufwands, des einfachen Zusammenbaus, der sehr guten Flugeigenschaften und des problemlosen Transports ist der Sled als Erstlingsdrachen hervorragend geeignet.

Für Drachenbau- und -malaktionen ist der Schlittendrachen ganz besonders zu empfehlen. Die Folienbespannung läßt sich in mehreren Lagen gleichzeitig rationell zuschneiden. Die Teilnehmer müssen dann den Drachen nur noch fertig montieren und bemalen. Beim Südfunk-Abendschau-Drachenfestival 1982 entstanden so in zwei Stunden 140 Sleds aus vorbereiteten Folien.

Entnehmen Sie die Fertigmaße des Sleds mit Ed-Grauel-Öffnungen der Zeichnung. Am sichersten arbeiten Sie mit einer Papierschablone, die nur die eine Drachenhälfte darstellt. Für Serienfertigungen sägt man diese Schablone aus Preßpappe oder einer 10-mm-Spanplatte.

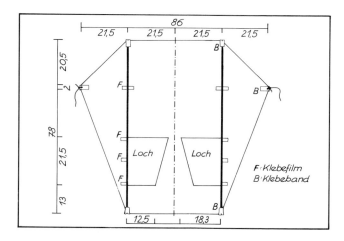

Untere Schweißnaht des Müllsacks abtrennen, Folienschlauch doppellagig aufspannen, Schablone mit Faltkante bündig auflegen und Form mit scharfem Messer ausschneiden.

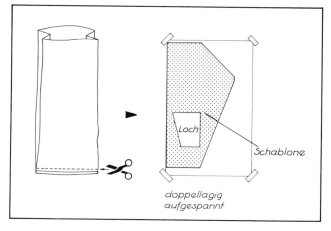

Die Enden der 5 x 3-mm-Stäbe runden Sie nur leicht ab, 5 x 5-mm-Leisten müssen abgeflacht werden.
Beim Umkleben schmiegen Sie das Klebeband gut an die Stabenden an. Wenn alle Stabenden versorgt sind, sichern Sie die Lage der Gerüststäbe mit Klebefilmstreifen.

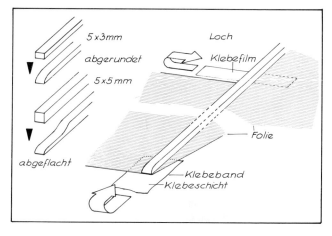

Der Sled mit Ed-Grauel-Öffnungen gilt als Klassiker unter den Schlittendrachen. Die Luftlöcher machen ihn zu einem zuverlässigen Drachen.

Der Abschnitt aus dem Schaschlikstäbchen verhindert, daß die Waage ausreißt. Die Waage kann hier auch aus dünner, mindestens 2 m langer Drachenschnur sein. Alle Knoten mit Klebstoff sichern!

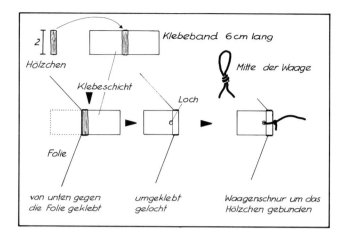

Diese Lochvarianten wurden von mir ebenfalls getestet. Mund und Kreise ergeben nicht ganz den Stabilisierungseffekt wie die Ed-Grauel-Öffnungen. Das aufrecht stehende Dreieck brachte die geringste Wirkung.

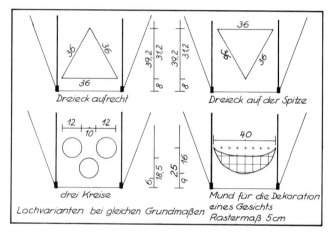

Der Schlittendrachen ist ein hervorragender Leichtwinddrachen. Wenn man ihn bei extrem schwachem Wind erst einmal über die Bodenzone hinausgebracht hat, kann er weiter in beträchtliche Höhen steigen. Nicht selten steht er in einem Winkel von mehr als 60° über dem Piloten.

Der Sled bekommt seine eigentliche Form erst durch den Wind. Mit der einen Hand halten Sie die Drachenschnur, die zweite faßt den Drachen an den beiden seitlichen Zipfeln und schleudert ihn (Wind in Ihrem Rücken) sanft empor. Öffnet sich der Baldachin, ergreift der Wind den Drachen und entführt ihn schnell in die Höhe.
Gegen starke seitliche Böen ist der Sled sehr empfindlich. Sollte er zusammenklappen, so lockern Sie ruckartig die Leine, wodurch der Baldachin die Chance erhält, sich wieder zu öffnen. Bei schwierigen Windverhältnissen können ein oder zwei Schwanzbänder oder ein zusätzlicher Stab in der Mitte, parallel zu den beiden anderen, die gewünschte Flugstabilität bringen.

Doppelsled

Sie brauchen:
Kunststoffolie, 90 x 180 cm und 90 x 30 cm. Klebeband, Klebefilm, mindestens 20 mm breit; 3 Fichtenleisten, 5 x 5 mm, 90 cm lang; 1 Schaschlikstäbchen, eventuell Dekorationsband zum Abkleben der Ränder; Schnur für die dreischenkelige Waage mit Einstellhilfe.

Der Doppelsled entwickelt einen enormen Auftrieb. Er ist ein noch besserer Windfänger als sein einfacher Bruder. Im Zusammenhang mit der Erprobung mehrerer Doppelsleds wurde ich auf einen wesentlichen Umstand aufmerksam, der die Flugstabilität aller halbflexiblen Drachen mitbestimmt: die Beweglichkeit der Bespannung. Wählen Sie, trotz größerer Masse, ein Folienmaterial, das in der Verformung etwas träge oder steif ist. Wenn man die Ränder des Sleds mit Dekorations- oder Gewebeband versäubert, hemmt man die Folie beim Flattern und schützt sie gleichzeitig gegen Einreißen.

Beim Bau des Doppelsleds ist der schwierigste Teil die Befestigung des Kiels in der Drachenmitte, die Sie aber sicher meistern, wenn Sie sich genau an die Bauanleitung halten.

Der Zuschnitt der Folie und die Befestigung der seitlichen Gerüststäbe auf der Vorderseite erfolgt wie beim einfachen Sled. Die Löcher sind so bemessen, daß Sie entlang der Kante eines handelsüblichen Kuchentellers schneiden können.
Den Mittelkiel kleben Sie zuerst von beiden Seiten mit breitem Klebefilm an und verwahren den Überstand oben und unten in der angegebenen Weise. Quer aufgebrachte Klebebandstreifen verschaffen zusätzliche Sicherheit.
Den mittleren Längsstab befestigen Sie auf der Drachenrückseite. Den Teil des Klebebands, den Sie nach vorne umschlagen, schneiden Sie ein, damit der Kiel im Einschnitt Platz findet.

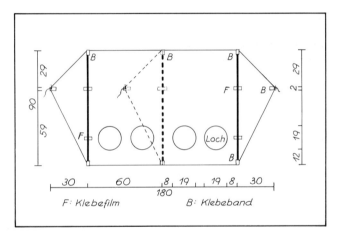

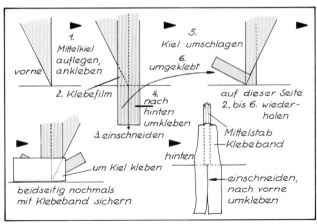

Die Ecken der Kiele bereiten Sie, wie auf Seite 30 oben gezeigt, vor und befestigen dann die Waagenschnüre. Die Länge der beiden seitlichen Waagenschnüre geben Sie vor. Die mittlere Waagenschnur bemessen Sie reichlich, damit Sie genügend Spielraum zur Feineinstellung und zum Anbringen der Drachenleine haben (Einstellhilfe Seite 16).

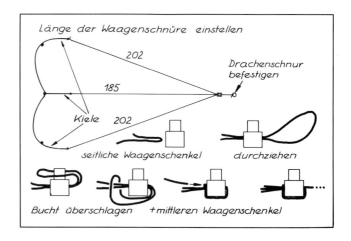

Kombination aus zwei einfachen Sleds

Am rationellsten erhalten Sie gleiche Sleds, wenn Sie Folien so übereinander legen, daß Sie zwei oder mehr Sleds in einem Arbeitsgang zuschneiden können. Achten Sie vor allem darauf, daß die Längsstäbe gleich schwer sind und die Waagenschnüre der Einzeldrachen gleiche Länge haben.

Wenn Sie zwei gleiche einfache Sleds gebaut haben, können Sie in wenigen Minuten eine Kombination herstellen, die einem Doppelsled entspricht. Drehen Sie die beiden Sleds so, daß die Längsstäbe nach hinten liegen. Verbinden Sie zwei Stäbe oben und unten mit Klebeband. Vereinigen Sie die Waagenschnüre mit einem Buchtknoten an einem Zugring. Mit dieser Kombination eröffnen Sie neue Spielmöglichkeiten, wenn Sie an den mittleren Längsstäben die Möglichkeit schaffen, weitere Drachen anzubinden. Allerdings sollten Sie in diesem Fall dafür sorgen, daß der Zug des zweiten Drachens nach vorne auf die Waagenschnüre weitergeleitet wird. Im Farbfoto gegenüber ist an die blaue Kombination ein einfacher Sled (Gesicht) angebunden.

Es genügt, wenn Sie das Klebeband 1,5 mal um die beiden Stäbe legen. Die genaue Einstellung der Waage für Ihr Modell müssen Sie empirisch finden. Die Schlaufe zum Festbinden eines weiteren Drachens muß in der Höhe der mittleren Waagenschnüre liegen. Kleine Klebestreifen verhindern ein Verrutschen.

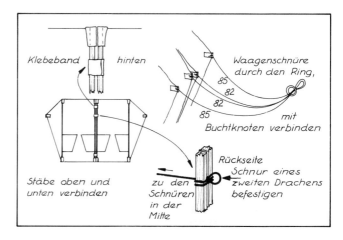

Sleds, Sleds, Sleds. Doppelsled und Sledvarianten. An die Kombination aus den beiden Müllsacksleds, unten, ist der einfache Sled „Mund" angebunden.

Flachdrachen

Klassischer Spitzdrachen

Sie brauchen:
Fichtenleisten, 5 x 5 mm, je eine 81 cm und 91 cm lang, Bespannpapier oder -folie, dünne Hanfschnur, Alleskleber (Hartkleber), Kleister, Maschenschwanz 3 m, zweischenkelige Waage 63/96.

Flachdrachen haben ein Gerüst, dessen Stäbe in einer Ebene angeordnet sind. Sie sind meist starr und nicht zerlegbar. Als stabilisierendes Element brauchen sie einen wirksamen Schwanz.

Flachdrachen gibt es in einer unermeßlichen Zahl von Formen und Variationen. Zweifellos waren die ersten Drachen Flachdrachen, die aus großen Blättern gefertigt wurden. In der Literatur findet man viele Berichte, die von frühen Nutzanwendungen dieser Drachen künden, sei es zum Fischen, zur Längenmessung, zum Abwerfen von Brandsätzen oder um einen Feind durch wildes Aussehen und Geräusche in die Flucht zu schlagen. Daneben gibt es auch realitätsferne Sagen, die von Wunderdingen erzählen, die Drachen vollbracht haben sollen.

In den nachfolgenden Bauanleitungen stehen die strengen geometrischen Formen im Vordergrund. Zunächst sollen nur gerade, später auch gebogene Gerüstteile verwendet werden.

Der Bau des ersten Drachens dieser Gattung, des Spitzdrachens (Rhomboid), ist ausführlich beschrieben und Grundlage für alle weiteren Bauanleitungen. Er sollte als „Pflichtdrachen" von jedem, der sich mit Drachenbau beschäftigen möchte, gebaut werden.

Der Spitzdrachen gilt in Deutschland als „der Drachen". Er hat bei uns eine lange Tradition, die sich mindestens bis ins 17. Jahrhundert zurückverfolgen läßt. Wahrscheinlich ist seine Form aus dem Malaiendrachen entstanden, der im Mittelalter von Seefahrern aus Südostasien nach Europa gebracht wurde.

Schneiden Sie die Gerüststäbe zu und markieren Sie Kreuzungs- und Waagenpunkte und die Tiefe der Kerben. Sägen Sie die Kerben, in welche die Hanfschnur gerade passen muß. Achten Sie auf die Parallelität der Kerben und balancieren Sie den Querstab aus!

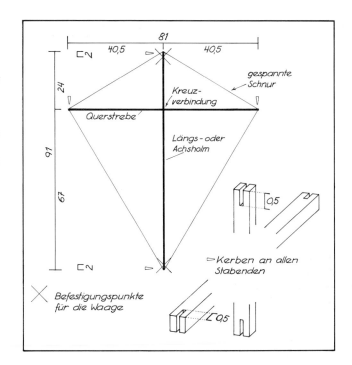

Die Kreuzverbindung: Die Leisten sind im Kreuzungspunkt aufeinandergeklebt, die Kerben verlaufen gleichsinnig. Die Schnur liegt unter dem Kreuz – hochziehen, binden, Klebstoff drauf.

Beide Schnurenden unter dem unteren Stab durch, über die obere Leiste und wieder unten durch.

Alle Schnurwindungen zum Kreuz schieben, strammziehen, gut verknoten. Alle Holz-Holz- und Holz-Schnur-Verbindungen mit Klebstoff sichern.

Im Bereich zentraler Stabkreuzungen sollten Sie nie überplatten oder einkerben.

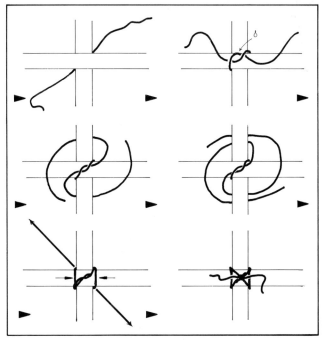

Die gespannte Schnur: Verschaffen Sie sich eine Unterlage, auf der Sie das Kreuz rechtwinkelig ausrichten können. Ein Gehilfe hält das Kreuz, während Sie die Schnur ziehen. Sicherer ist es natürlich, Sie spannen die Stäbe sorgfältig ein.

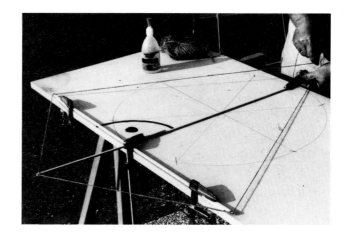

Mitte der Schnur am Achsholm oben anbinden. Durch die Kerbe zu den Kerben am Querstab.

Die beiden Schnurenden am Schluß in der unteren Kerbe zusammenführen und um den Achsholm festbinden. Alle Verbindungen mit Klebstoff sichern. Das Gerüst ist fertig.

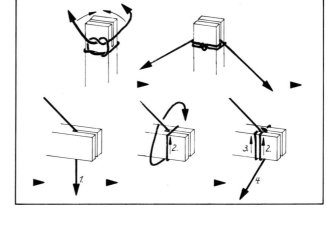

Legen Sie das Gerüst auf das vorbereitete Bespannpapier. Mit 2 cm Zugabe ausschneiden, Ecken einschneiden. Wollen Sie Flächen ausschneiden und andersfarbig unterlegen, so müssen Sie das vor dem Aufbringen der Bespannung tun.

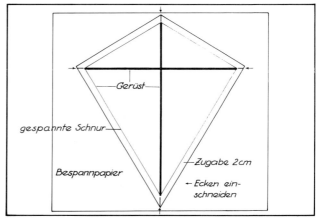

Der klassische Spitzdrachen hat einen unvergänglichen Reiz. Jeder Drachenliebhaber sollte ihn einmal bauen.

Klebstoff auf die gespannte Schnur und den Papierrand, umkleben und an die Gerüststäbe gut anschmiegen. Jetzt können Sie Ihren Drachen durch Bemalen und Aufkleben bunten Papiers schmücken.

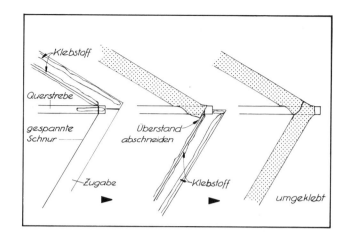

Die Waage wird angebunden und der Drachen ausbalanciert. Die beiden Drachenhälften müssen, an der Waage gehalten, im Gleichgewicht sein. Den Ausgleich schaffen Sie mit aufgeklebten Papier- oder Holzstückchen oder mit Knetmasse. Am unteren Drachenende befestigen Sie eine Schnurschlaufe, in die Sie den Schwanz einhängen können (Seite 14).

Dekoration

Schwanz erst vor dem Start befestigen.

Waage einstellen, Schwanz anpassen.

Schmücken Sie Ihren Drachen durch Aufkleben transparenten Buntpapiers. Dicke Farben und Papiere erscheinen im durchfallenden Licht nur schwarz. Der Spitzdrachen fliegt schon bei leichtem Wind sehr zuverlässig. Der sehr attraktive Maschenschwanz verheddert beim Transport leicht. Im Wind dreht er ständig, weshalb die Zwischenschaltung eines Wirbels anzuraten ist. Ein langes Kreppapier- oder Kunststoffolienband kann den Maschenschwanz ersetzen. Bei stärkerem und unruhigem Wind muß nicht nur die Waage etwas flacher eingestellt, sondern auch der Schwanz wesentlich verlängert werden. Für diesen Fall sollten Sie immer Kreppapierstreifen oder Kunststoffolienband (Baustellenabsperrband, PVC-Strippe) bereit haben.

Stern und doppelter Rhombus werden mit langen Schwänzen und Stabilisierungsbändern aus Kreppapier geschmückt.

„Die Abendschau", Titeldrachen einer Beitragsreihe in der Südfunk-Abendschau, Herbst 1982. Abschluß war das große Abendschau-Drachenfestival in Altheim.

Drachen nach dem Bauprinzip des Spitzdrachens

Die Gerüste dieser Drachen können aus Fichten-, Kiefern- oder Raminleisten sein. Alle haben eine zweischenkelige Waage.

Die folgenden Drachen haben mit dem Spitzdrachen das Prinzip der Kreuzverbindung und der gespannten Schnur gemeinsam. Während der breitere Rhomboiddrachen Typ „Abendschau" sich nur durch die im Verhältnis längere Querstrebe und die Stabilisierungsstreifen vom Grundmodell unterscheidet, kommen beim Stern und den beiden Rhombusdrachen weitere kleine Kniffe hinzu, die wesentlich für den erfolgreichen Bau dieser Modelle sind. Beachten Sie besonders die Schnur-Holz-Kreuzung (a), die Schnurkreuzung (b) und die beigeleimte Kerbe an den verlängerten Querstreben (c). Die Längenmaße für die Gerüststäbe entnehmen Sie direkt den Zeichnungen.
Statt der klassischen Papierbespannung können Sie auch Kunststoffolie, Tyvel oder Stoff verwenden.

Rhomboiddrachen Typ „Abendschau"

Sie brauchen: Gerüststäbe, 8 x 8 mm; Bespannung, Transparent-/Seidenpapier. Schwanz 16 x 750 cm, Stabilisierungsstreifen, 3 x 250 cm, Kreppapier. Waage, 67/119. Der lange Querstab läßt sich wie beim Eddy (Seite 70) biegen. Die Flugstabilität wird dadurch verbessert.

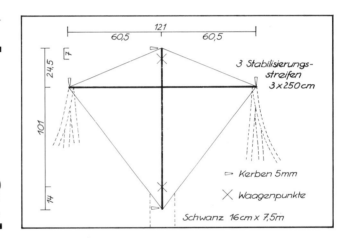

Sechszackiger Stern

Sie brauchen: Gerüststäbe, 5 x 5 mm; Bespannung Transparentpapier, zweifarbig zusammengesetzt. Bänderschwänze Kreppapier oder PVC-Strippe. Schnur bei a und b nur mit Klebstoff und extra Faden befestigen. Waage 47/88.

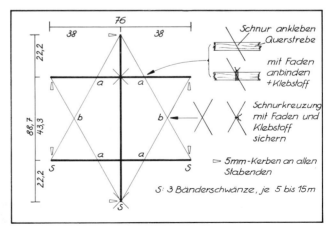

Doppelter Rhombus

Sie brauchen:
Gerüststäbe, 5 x 5 mm,
Bespannung Seiden-
und Transparentpapier.
Kerbe c auf Vorderseite.
Schnüre an den Seiten
versteifen die Konstruk-
tion. Stabilisierungs-
streifen, 3 x 250 cm;
Schwanz, 17 x 750 cm,
Kreppapier oder PVC-
Strippe. Waage 74/106.

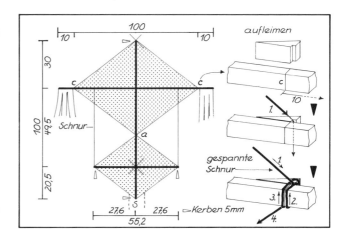

Dreifacher Rhombus

Sie brauchen:
Achsholm, 8 x 8 mm;
Querstäbe, 5 x 5 mm. Das
Loch, das zusätzlichen
stabilisierenden Effekt
bewirkt, hat in den Rand
einen Ring aus dünnem
Peddigrohr eingear-
beitet. Waage 61/99.

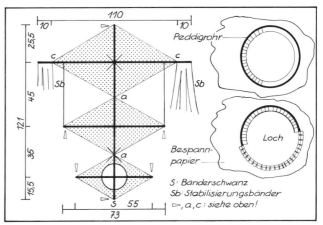

Waage einstellen

Schwanz anpassen

Nicht bei zu starkem Wind starten.

Weitere Variante

Bemessen Sie die Länge Ihrer Waagenschnüre nach den angegebenen Grundwerten. Davon ausgehend werden Sie schnell die richtige Einstellung finden. Wenn Sie noch den Schwanz anpassen, wird Ihr Drachen vollkommen problemlos fliegen. Ausgewogene Rhombusdrachen haben eine gute Richtungsstabilität. Sie benötigen leichten bis mittleren Wind. Wie alle Flachdrachen, sollen sie nicht bei sehr starkem Wind gestartet werden. Der doppelte Rhombus bietet sich für eine weitere Spielart an. Die Flächen zwischen den beiden Rhomben können teilweise mit Papier überspannt werden. Der entstehende neue Drachen kann mit seiner vergrößerten Fläche leichten Wind noch besser nutzen.

Großer Einkaufstütendrachen

Sie brauchen:
Eine große Einkaufstüte;
2 Leisten, 8 x 8 mm,
130 cm lang; 1 Leiste,
6 x 4 mm, ca. 80 cm lang.
Hanfschnur; 10 bis 20 m Baustellenabsperrband;
Klebefilm und -band;
Alleskleber; dreischenkelige Waage, 63/63/68.
Belastbarkeit der Drachenschnur ca. 15 kp.

Große Tragetüten, wie sie vor allem in Bekleidungsgeschäften in bunter Vielfalt angeboten werden, können als Drachenbespannung sehr attraktiv wirken. Die endgültigen Maße des Drachens werden durch die Größe der Einkaufstüte festgelegt. Bei einer Fläche von ca. 60 x 100 cm, wie das abgebildete Modell, ist diese Konstruktion ein hervorragender Windfänger. Die Verlängerungen der diagonalen Gerüststäbe tragen einen Querstab, der den Drachen bei größeren Windgeschwindigkeiten in seiner Form hält.

Bevor Sie sich an den Bau dieses großflächigen Drachens machen, sollten Sie Ihre Transportmöglichkeiten überprüfen, falls Sie nicht zu den Glücklichen gehören, die ihre Drachenwiese gleich am Haus haben.

Gehen Sie von einer Tragetüte aus, die möglichst starke Farbkontraste zeigt. Schneiden Sie die seitlichen Schweißnähte und die Griffteile ab. Auseinanderfalten, der Plastikfolie genaue Rechteckform geben, Umschlagrand einzeichnen und Loch in der Mitte schaffen.

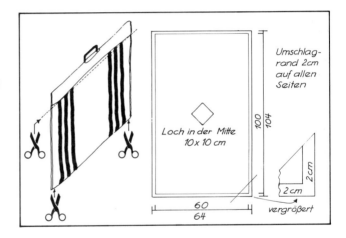

Gerüststäbe auflegen. Überstand unten 0,5 cm, oben 13 cm. Kreuzungs- und Eckpunkte markieren, Kerben sägen und Löcher bohren, Kreuzverbindung und Querstab anbringen. Gespannte Schnur rechts unten beginnen und links unten enden lassen (Seite 36).

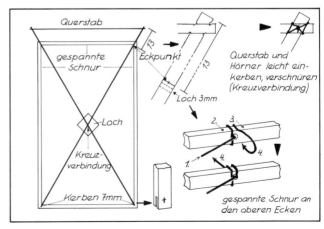

Bespannung an den Ecken beschneiden, Rand einschlagen und rundherum mit Klebefilm befestigen. Die Ränder an den Ecken und am Loch in der Mitte versorgen Sie mit farbigem Klebeband.

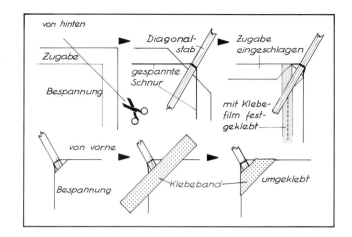

Die dreischenkelige Waage wird an den Ecken oben und in der Mitte am Kreuz angebunden. Führen Sie auf jeden Fall die Waagenschnur in der Mitte unter dem Kreuz nach vorne durch, damit sie gut in ihrer Lage fixiert wird (Einstellhilfe, Seite 16).

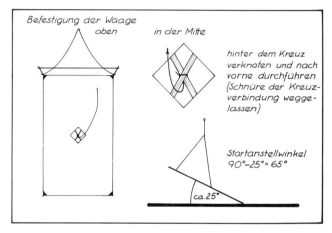

Weitere Dekorationsvorschläge

Summer

Schwanzvarianten

Die Hörner und der Querstab der fliegenden Einkaufstüte bieten sich für eine zusätzliche Dekoration mit Bändern, Fransen oder gar Windrädern an. Wenn Sie sicher sein können, daß Sie niemanden stören, können Sie zwischen den Hörnern auch eine Schnur mit einem eingeschnittenen Pergamentpapier als Summer anbringen.

Der Schleifenschwanz aus Baustellenabsperrband ist außerordentlich wirkungsvoll. Sie können ihn aber auch durch zwei getrennte Schwanzbänder aus PVC-Strippe oder Kreppapier oder, nachdem Sie eine Schwanzwaage angebracht haben, durch ein einzelnes, sehr langes Schwanzband oder durch einen bunten Maschenschwanz ersetzen.

Dreifacher Rhombus und der große Einkaufstütendrachen sind großflächige Drachen, die recht wild aufsteigen und erst in größerer Höhe eine ruhige Fluglage einnehmen.

Bogenspitz- oder Kleiderbügeldrachen

Sie brauchen:
Eine Bambusleiste, ca. 3 x 4 mm, 90 cm lang; eine Leiste 5 x 5 mm, 88 cm lang. Spannschnur, Transparent- und Seidenpapier, Alleskleber, Kleister, Maschenschwanz, zweischenkelige Waage 33/85.

Der Bogenspitzdrachen gilt, entsprechend dem Spitzdrachen in Deutschland, als Englands klassisches Drachenmodell. Seine guten Flugeigenschaften ermunterten zu manchen Experimenten, von denen die von George Pocock wohl die berühmtesten sind. 1827 erreichte sein „char-volant", eine besonders leichte und elegante Kutsche, die mit vier bis fünf Personen besetzt war, von zwei hintereinander angebrachten riesigen Bogenspitzdrachen gezogen, eine Geschwindigkeit von über 30 km/h.

Das charakteristische Merkmal des Bogenspitzdrachens ist seine gebogene Stirnleiste, die ihm auch den Namen Kleiderbügeldrachen einbrachte. Die Französische Birne hat oben zusätzlich eine Spitze aufgesetzt. Der Bogen aus einer Bambusleiste ist leicht und sehr haltbar.

Bogenleiste mit Messer und Glaspapier sorgfältig bearbeiten, biegen. Gerüststäbe verbinden. Mitte der gespannten Schnur am Achsholm anbinden, Bogen spannen, Schnurenden unten durch die Kerbe zusammenführen.

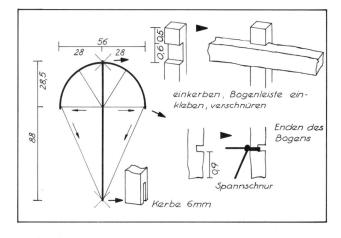

Die Papierbespannung muß vor dem Bespannen zusammengesetzt werden. Mit Kleister gut durchfeuchtet, läßt sich das Papier besonders gut an den Bogen anschmiegen. Quasten findet man häufig beim Bogenspitzdrachen. Typisch sind sie für die Französische Birne.

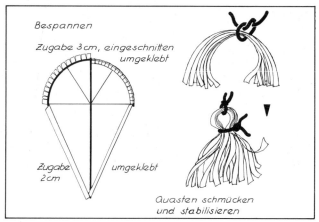

Bogenspitzdrachen und Französische Birne vor historischer Kulisse. Im Gegenlicht kommen die Farben der transparenten Papiere prächtig zum Leuchten.

Die Französische Birne

Sie brauchen:
Eine Bambussplittleiste, 3 x 4 mm, 92 cm lang; eine Leiste, 5 x 5 mm, 86,5 cm lang; zwei Quasten, sonst wie Bogenspitzdrachen. Waage 40/92.

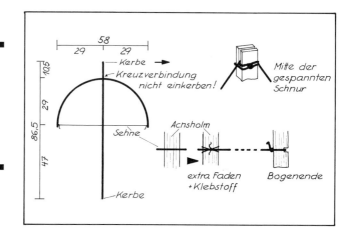

Bogen vorbereiten, Gerüstkreuz binden und gut kleben, Sehne spannen und am Achsholm befestigen. Schnur ziehen. Dekoration vor dem Bespannen anbringen. Die Quasten sind ein traditionelles Attribut der Französischen Birne.

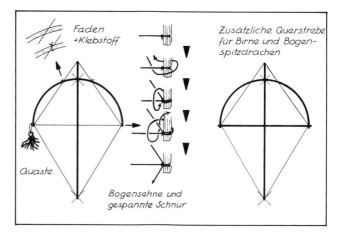

Bogenspannung

Flugverhalten

Zusätzlicher Querstab

Sowohl beim Bogenspitzdrachen als auch bei der Französischen Birne biegen Sie den Bogen über einer Flamme oder im Wasserdampf. Achten Sie darauf, daß die endgültige Form des Bogens erst durch das Spannen der Sehne entsteht. Die Sehne kann locker werden, wenn Sie die Schnur zur unteren Spitze ziehen. Dies mindert nicht das gute Flugverhalten, im Gegenteil: Die seitlichen Enden des flexiblen Bogens werden durch den Wind leicht nach hinten gedrückt, so daß eine schwach gewölbte Form entsteht, die einen flugstabilisierenden Effekt bewirkt und daher die guten Eigenschaften dieser Drachenformen mitbestimmt. Wenn Ihnen eine glatte Bespannung wichtiger ist, fügen Sie den zusätzlichen Querstab ein, der die ganze Konstruktion versteift.

Der Hawaiische Kreisdrachen und der Chinesische Orangendrachen sind exotische Leichtgewichte, die sehr lebendig auf den Wind reagieren.

Hawaiischer Kreisdrachen

Sie brauchen:
Peddigrohr, ∅ 4 mm;
Bambussplittstäbe,
3 mm; Seiden- oder
Transparentpapier,
Kreppapierschwanz
7,5 x 750 cm, 1 Trinkhalm,
∅ 5 mm, Alleskleber,
Kleister, Nähutensilien,
dreischenkelige Waage,
25/38/38.

Kreisdrachen stammen aus Ostasien und der Südsee. Das klassische Gerüstmaterial in diesen Ländern ist Bambus, dessen Bearbeitung dort zu den handwerklichen Grundkenntnissen gehört. Bei den folgenden Modellen bilden Bambussplittstäbe die geraden Gerüstteile. Wo es auf besonders genaues Arbeiten ankommt, in den gebogenen Partien, ist es für den ungeübten Europäer ratsam, Peddigrohr statt der hauchdünnen Bambussplittleistchen zu verwenden. Eine weitere neue Arbeitstechnik wird hier eingeführt: Die Lage der Gerüstteile wird auf eine Schablone oder direkt auf die Bespannung aufgezeichnet, die Gerüstelemente werden auf das Bespannpapier aufgeklebt und erst dann untereinander mit Klebstoff, Nadel und Faden verbunden.

Zeichnen Sie die Lage der Gerüstteile auf ein weißes Papier und spannen Sie darüber das Bespannpapier. Den Anfang des Peddigrohrs für das Schließen des Kreises vorbereiten, Klebstoffspur entlang der Kreisbahn legen, Peddigrohr drauf, beschweren. Richtige Länge des Peddigrohrs abschneiden, Kreis schließen.

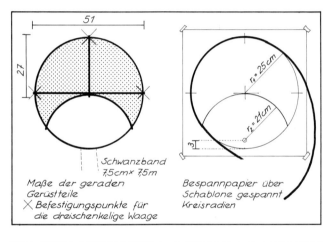

Senkrechtes Gerüststäbchen oben auf den Ring, zur Mitte auf das Bespannpapier kleben. Querstab und unteren Bogen aufkleben. Beschwert trocknen lassen. Mittelverbindung mit Nadel und Faden binden.

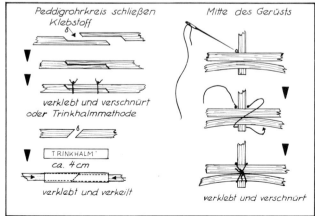

Bespannung mit Zugaben ausschneiden, Ränder einschneiden. Alle Gerüstverbindungen am äußeren Ring mit Faden und Klebstoff fixieren. Die Zugaben werden am besten mit Kleister um das Peddigrohr geklebt. Die dreischenkelige Waage wird ebenfalls mit Nadel und Faden angebracht.

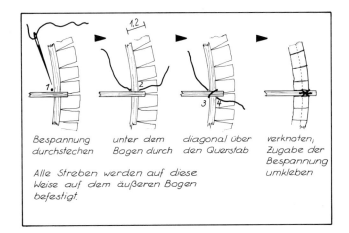

Bespannung durchstechen — unter dem Bogen durch — diagonal über den Querstab — verknoten, Zugabe der Bespannung umkleben

Alle Streben werden auf diese Weise auf dem äußeren Bogen befestigt.

Chinesischer Orangendrachen

Sie brauchen:
Für die Kreise: Peddigrohr, Seidenpapier, 1 Trinkhalm. Achsholm: Bambussplittstab, ca. 5 x 3 mm, flach liegend. Querstab: Bambussplittstab, ⌀ 3 mm. Alleskleber, Kleister, Nähzeug, Leinenband. Schwanz: Kreppapier, 1 Band 15 x 500 cm und 4 Bänder 4 x 250 cm mit Alleskleber um den unteren Überstand des Achsholmes geklebt. Zweischenkelige Waage, 66/96.

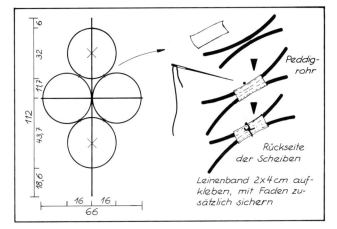

Leinenband 2x4 cm aufkleben, mit Faden zusätzlich sichern

Die vier gleich großen Kreisscheiben werden auf einer Schablone wie der Kreisdrachen gefertigt. Beschweren und auf einer ebenen Unterlage trocknen lassen! Am fertigen Gerüstkreuz befestigen Sie die vier Scheiben mit Nadel und Faden. Die Kreisscheiben verbinden Sie untereinander mit kleinen Stoffstückchen und je einer Fadenschlinge.

Die beiden Kreisdrachen sind ausgezeichnete Leichtwinddrachen, die an unserem Himmel durch ihre ungewöhnliche Form recht exotisch wirken.

Der Hawaiische Kreisdrachen kann bei unruhigen Windverhältnissen zum Abducken neigen. Abhilfe: Stellen Sie die Waage steiler ein und verlängern Sie gleichzeitig den Schwanz.

Blume

Sie brauchen:
Bambussplittstäbe:
Achsholm, 3 mm; 2
Diagonalen, je 2 x 3 mm,
halbrund. Peddigrohr,
2 mm; Seidenpapier,
Alleskleber, Kleister,
Leinenband, Nähzeug.
Schwanz: drei Krepppapierbänder, je
3 x 250 cm.
Waage 33/44.

Dieser Blumendrachen ist für Drachenfreunde, die an einem besonders zarten Gebilde, das mit viel Liebe gestaltet werden kann, ihre Freude haben. In seinen Flugeigenschaften übertrifft er viele größere Drachen bei weitem. Grundvoraussetzung ist, gerade bei einem so kleinen Drachen, eine einwandreie Symmetrie, die man erreichen kann, wenn man sich einer exakten Schablone bedient.
Die Gerüstteile werden, wie bei den Kreisdrachen, auf die vorher zusammengesetzte Bespannung aufgeklebt, wobei es sehr wichtig ist, die Reihenfolge der Bauschritte einzuhalten. Lassen Sie sich mit diesem Modell auch anregen, einmal ein eigenes Motiv in eine Drachenkonstruktion umzusetzen. Verzichten Sie aber lieber auf Darstellungen, die zu unsymmetrischen Konstruktionen führen.

Schablone:
Zeichnen Sie den Kreis und teilen Sie ihn mit dem Zirkel in sechs gleiche Teile. Die Schablone eines Blütenblattes übertragen Sie sechsmal auf Ihre Gesamtschablone. Auch für das grüne Blattpaar fertigen Sie eine Schablone. Spannen Sie das zusammengesetzte Bespannpapier über die Schablone, kleben Sie die Gerüstteile in der Reihenfolge auf: Achsholm, Diagonalen, Peddigrohrränder. Mitte verschnüren, Peddigrohr und Streben mit aufgeklebten Stoffstückchen sichern. Bespannung mit Zugaben ausschneiden, einschneiden, Ränder umkleben. Fertiges grünes Blattpaar erst am Schluß anbringen.

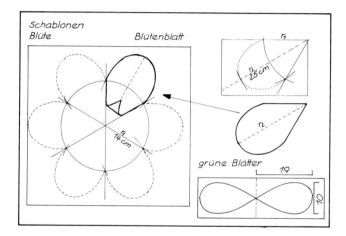

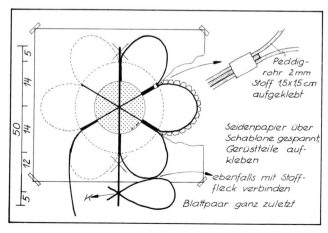

Blume, Zaubervogel und Eule aus Thailand sind nur einfache Beispiele dafür, was mit wenig buntem Papier, einigen Leisten und viel Fantasie gestaltet werden kann.

Zaubervogel

Sie brauchen: Für das Hauptgerüst: Fichtenleisten, 5 x 5 mm. Hilfsgerüst: Bambussplittleistchen, möglichst dünn. Spannschnur, Alles- und Papierkleber, Nähutensilien, Seiden- und Transparentpapier. Kreppapier: Schwanz, 16 x 250 cm; vier Stabilisierungsbänder, 3 x 125 cm. Waage: 65/82.

Der Zaubervogel beeindruckt durch sein buntes Fantasiekleid, das man sehr frei gestalten kann, wenn man den Drachenkörper mit Papier einer zurückhaltenden Farbe festlegt.
Den Schmuck aus Seiden- und Transparentpapier kleben Sie auf diesen Körper.
Achsholm und Querstrebe bilden das Hauptgerüst, das durch das Hilfsgerüst aus feinen Bambussplittstäben ergänzt wird. Diese Grundform des Gerüsts kann man für eine große Zahl von Vogeldrachen verwenden.
Mit dem Schwanz und den Stabilisierungsbändern aus Kreppapier fliegt der Zaubervogel zuverlässig und bildet am Drachenhimmel eine Bereicherung, die nicht den Anspruch erhebt, einem natürlichen Vogel zu gleichen.

Hauptgerüst mit Kreuzverbindung und Spannschnur genau symmetrisch bauen. Hilfsgerüst zuerst am Achsholm, dann untereinander verkleben und mit Faden verknüpfen. Buntes Federkleid zusammensetzen, am Achsholm und Hilfsgerüst nur punktweise, an der Querstrebe mit der Zugabe flächig aufkleben. Lage der Spannschnur, alle gefährdeten Papiereinschnitte und den Kopfansatz mit Klebefilm sichern. Die Waage wird mit Nadel und Faden am fertig geschmückten Drachen um den Achsholm befestigt. Schwanz und Stabilisierungsbänder werden mit Klebefilm lösbar oder mit Klebstoff bleibend von hinten auf die Bespannung geklebt.

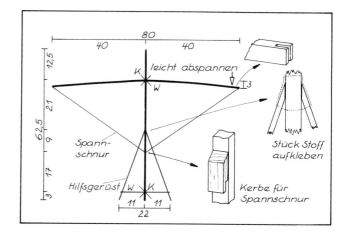

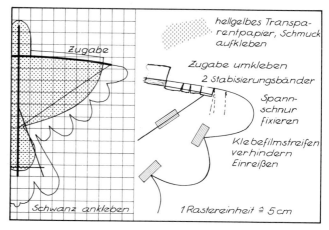

Die Eule aus Thailand

Sie brauchen:
Bambussplittleistchen: 2 x 3 mm für das Haupt- und 1,5 x 2 mm für das Hilfsgerüst. Peddigrohr, ⌀ 4 mm; Spannschnur, konstrastfarbige Transparentpapiere, Klebstoffe, Nähutensilien, Klebefilm und -band, steifen Draht.

Die Eule hat ein extrem leichtes Gerüst aus dünnen Bambussplittleistchen, wie es in ihrem Heimatland Thailand gebräuchlich ist.
Der Querstab sollte zu den Enden hin dünner werden und sehr gut ausgewogen sein. Zusätzlich zu dem vom Zaubervogel her bekannten Hilfsgerüst für den Schwanzfächer hat die Eule noch für den Kopf zwei feine Stäbchen zur Versteifung.
Ganz neu ist der Kiel als flugstabilisierendes Element und Waage. Er wird am fertig bespannten Drachen mit zwei Fadenschlingen um das Achsholm befestigt. Obwohl die Eule in gleichmäßigem Wind durch den Kiel und einen kleinen Flächenwinkel (durch den Winddruck) stabil fliegen kann, ist ein Schwanz anzuraten.

Fertigen Sie das Gerüst nach den Zeichnungen an. Setzen Sie die Bespannung zusammen und kleben Sie das Gerüst darauf. Alle offenen Papierränder sichern Sie mit Klebefilm gegen Einreißen. Den Kiel befestigen Sie mit Nadel und Faden am Achsholm, so daß er sich wie an einem Scharnier bewegen läßt. Die Bespannung am Bogen des Kiels überkleben Sie mit glasfaserverstärktem Klebefilm oder mit Klebeband in dem Bereich, wo Sie mit dem Haken durchstechen wollen. Biegen Sie den einfachen Haken aus Draht, mit dem Sie die Drachenleine am Kiel anbringen können. Den genauen Befestigungspunkt müssen Sie bei Flugversuchen empirisch ermitteln.

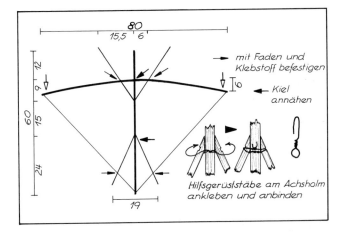

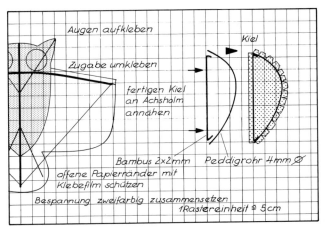

Schlangendrachen

Die schwarze Schlange

Sie brauchen:
Fichtenleisten: 8 x 8 mm für den Achsholm, 5 x 5 mm für die Querstäbe und den Bogen. Eine 10 m lange Bahn aus leichtem Papier, verschiedenfarbiges Transparent- und Seidenpapier, reichlich Kreppapier. Abtönfarbe, Alleskleber, Kleister, ca. 20 m Klebefilm (Deckenbürste oder Farbroller). Waage, 74/115.

Die Schlange wird in ihrer Heimat Thailand aus Seide oder Reispapier und Bambus hergestellt. Der hier dargestellte Schlangendrachen ist aus Papier mit einem Gerüst aus Bambus- und Fichtenleisten. Der schwierigste Teil dieses Modells ist das Kopfgerüst, dessen Bogen am besten aus einer Bambusleiste gebogen wird, aber auch eine 5 x 5 mm starke astfreie Fichten- oder Kiefernleiste läßt sich im Wasserdampf befriedigend biegen. Wenn Sie mit dem Biegen überhaupt nicht zurechtkommen, wählen Sie besser eine Kopfform, die ohne gebogene Streben auskommt. Eine lange Papierbahn erhalten Sie am leichtesten in einem Einzelhandelsgeschäft, das seine Waren mit Papier von der Rolle verpackt. Reklameaufdrucke können Sie unter der Bemalung verschwinden lassen. Notfalls können Sie auch, vor allem wenn Sie dem Schlangenkörper eine schwarze Grundfarbe geben wollen, eine lange Bahn aus Zeitungspapier zusammenkleben (erst färben, dann kleben). Für die großflächige Einfärbung verwenden Sie preiswerte Abtönfarben, die, mit viel Wasser verdünnt, mit einer Deckenbürste oder einem Farbroller aufgebracht werden. Vorsicht! Wassergetränktes Papier ist butterweich! Der Körper der schwarzen Schlange ist an verschiedenen Stellen durchbrochen und mit farbigem Transparent- oder Seidenpapier unterlegt. Die Verbreiterung des Kopfes ist mit Transparentpapier, die Fransen, die Bänder und die Schwänze aus Kreppapier gemacht.
Wenn Sie eine sehr reißfeste Schlange bauen wollen, wählen Sie für den Schlangenkörper leichtes Stoffgewebe oder das widerstandsfähige und leichte Tyvek.

Die schwarze Schlange und der Regenbogendrachen fliegen überraschend leicht und elegant schon bei einer leichten Brise. Im Hintergrund Gundelsheim am Neckar.

Färben Sie zuerst die Papierbahn ein, die Sie dann am besten über Nacht trocknen lassen. Beim Bau des Gerüsts darf der Achsholm nur an der Spitze und unten eingekerbt werden. Wenn Sie die Bespannung für den Kopf zusammengesetzt haben, messen Sie einen Umschlagrand von 3 cm auf allen Seiten zu. Ausschneiden und auf das Gerüst aufkleben. Die untere Hälfte der Papierbahn wird verjüngt, eventuell auch geteilt.

Schmücken Sie Ihre Schlange mit viel Liebe und sparen Sie nicht mit buntem Papier und Farbe. Aber machen Sie Ihre Schlange nicht zu schwer!

Erst am fertig geputzten Drachen befestigen Sie die Waage.

Ganz am Schluß, wenn Farbe und Klebstoff gut getrocknet sind, müssen Sie alle offenen Papierränder, vor allem im Übergangsbereich vom Kopf zum Körper, mit glatt aufgebrachtem Klebefilm auf der Rückseite gegen Einreißen schützen.

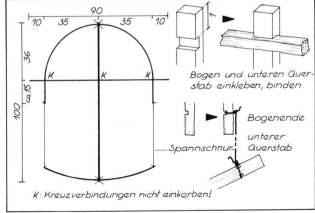

Kopfvarianten für Schlangendrachen

Passen Sie die Kopfgröße der Papierbahn des Drachenkörpers richtig an. Für das Quadrat auf der Kante brauchen Sie eine dreischenkelige Waage, bei den anderen genügt jeweils eine zweischenkelige.

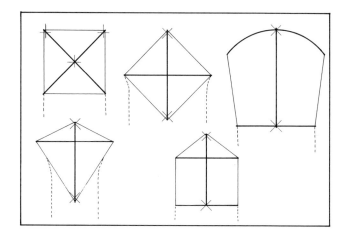

Regenbogendrachen

Sie brauchen:
Bambusleistchen: Bogen, 3 x 8 mm, 200 cm lang; Achsholm, 3 x 8 mm, flach verarbeitet. Spannschnur, farbloses Transparentpapier, Kreppapier in 7 Regenbogenfarben, Alleskleber, Kleister, zweischenkelige Waage, 62/98.

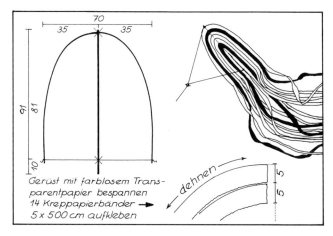

Das Kopfgerüst des Regenbogens ist extrem leicht, da man ganz auf Querstreben verzichtet. Die Kreppapierstreifen müssen an den Außenseiten der Bögen sorgfältig gedehnt und dann möglichst flach aufgeklebt werden.

Obwohl Schlangendrachen sehr groß sind, fliegen sie schon bei mäßigem Wind und wirken in der Luft leicht und elegant. Stabilitätsprobleme gibt es kaum, denn der lange Körper dient zum einen Teil als Tragfläche, zum anderen als flugstabilisierender Schwanz.

Es ist erstaunlich, wie groß man eine solche Schlange bauen kann. 20 m und 30 m lange Körper sind durchaus üblich und flugfähig. Allerdings sollten Sie für sehr große Drachen den Kopf verstärken und sich der Mitarbeit von Helfern versichern.

So eine lange schwebende Papierbahn kann der Länge nach zusammenfalten oder verdrehen. Im Abstand von 3 bis 4 m quer auf die Rückseite geklebte Bambussplittstäbe schaffen Abhilfe.

Zerlegbare Flachdrachen

Papierdrachen sind in der Regel starr und lassen sich meist weder auseinandernehmen noch zusammenfalten. Dadurch entstehen große Probleme bei der Aufbewahrung und erst recht beim Transport. Alle großen und aufwendigen Drachenkonstruktionen, in erster Linie die dreidimensionalen, müssen zerlegbar sein.
Aber schon bei einfachen Modellen, wie einem Quadrat oder einem Hexagon, wird die Handhabung wesentlich erleichtert, wenn man sie zum Transport in ein kleines Paket verwandeln kann. Die Bespannung muß dann aus Kunststoffolie, Tyvek oder Stoff bestehen. Taschen, Verbindungsteile und Spannvorrichtungen, die ein rasches Auf- und Abbauen ermöglichen, sind wesentliche Konstruktionselemente.

Aufgebaute Kastendrachen und starre Papierdrachen (Hexagon und Quadrat). Die Rollen sind von links nach rechts: Kastendrachen aus Tyvek, Hexagon aus Stoff und Quadrat aus Tyvek. Beachten Sie auch die sorgfältig verwahrten Bänderschwänze rechts im Vergleich zum „Schwanzsalat" in der Bildmitte.

Das Tyvekquadrat bietet sich für eine Bemalung an. Unten ein starres Quadrat aus einer Einkaufstüte, oben das Leichtgewicht aus Seidenpapier und Schilfrohr.

Zerlegbares Quadrat

Sie brauchen:
2 Buchenrundstäbe, ⌀ 8 mm, 100 cm lang;
Tyvek, 70 x 70 cm, oder Stoff. Stoffreste 50 cm.
Leinenband, 15 mm breit;
5 Ösen. 3 cm PE-Schlauch, ⌀ innen 8 mm.
Nähutensilien, Gewebe- und Alleskleber.
Dreischenkelige Waage, 43/43/44.

Das Quadrat ist leicht als zerlegbarer Drachen zu bauen. Keine Angst vor den Taschen und der Spannvorrichtung! Sie sind wirklich einfach durch Kleben und Nähen zu fertigen. Falls Sie keine Nähmaschine haben, werden Sie die wenigen Nähte auch von Hand schaffen. Die diagonalen Gerüststäbe haben keine starre Verbindung. Sie werden in die Taschen an den oberen Ecken gesteckt. Mit den Leinenbändern, die um die unteren Enden der Diagonalstäbe umgeschlagen werden, wird der ganze Drachen gespannt. Kurze Schlauchstückchen aus Polyethylen fixieren die Bänder auf den Stäben.
Die Schnüre für die dreischenkelige Waage und die Schwanzwaage sind auf den Streben befestigt und werden durch Ösen in der Bespannung nach vorne geführt.

Schneiden Sie das Quadrat 70 x 70 cm aus Tyvek zu. Kleben Sie rundherum 1 cm als Saum nach innen (Gewebe- oder Alleskleber).

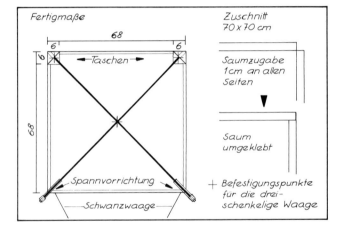

Bereiten Sie die Taschen vor. Nach dem Aufkleben stecken Sie die Gerüststäbe ein und bestimmen deren seitliche Begrenzungen. Aufnähen! Durch die Ösen sollen später die Waagenschnüre laufen.

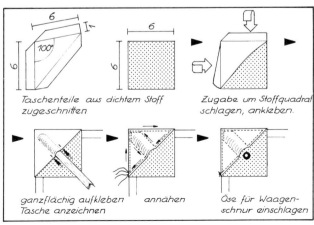

Die unteren Ecken des Quadrats verstärken Sie durch aufgeklebte Tyvekreste auf der Vorderseite. Kleben und nähen Sie die Leinenbänder auf der Rückseite auf. Durch die Ösen sollen später die Schnüre der Schwanzwaage geführt werden.

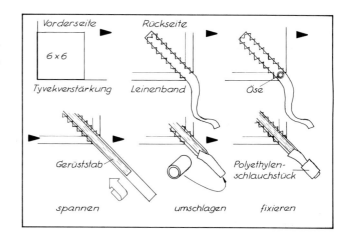

Spannen Sie den Drachen. Befestigen Sie die oberen beiden Schenkel der Waage und die Schwanzwaage auf den Stäben genau über den Ösen. Die Waagenschnur in der Mitte wird nur mit einer lockeren Schlinge um beide Gerüststäbe gebunden und durch eine Öse in der Bespannung nach vorne geführt.

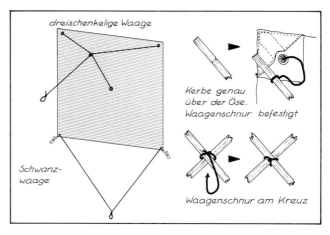

Schwanzvarianten

Dieser Drachen braucht einen wirkungsvollen Schwanz. Über eine Schwanzwaage können Sie einen Maschen-, Quasten-, Bänder- oder Schlaufenschwanz anbringen, bei einem Stoffdrachen bevorzugt einen Maschenschwanz aus verknoteten Stoffresten. Befestigen Sie den Schwanz über eines der Elemente auf Seite 14, um zu verhindern, daß die Rotation des Schwanzes auf die Schwanzwaage übertragen wird.

Bemalen

Die Quadratfläche eignet sich, wie kaum eine andere Drachenfläche, für eine Bemalung. Das Wappen auf dem Tyvekquadrat wurde mit Plakafarben gemalt. Wenn es Ihnen große Mühe macht, ein Motiv zeichnerisch zu übertragen, fertigen Sie ein Dia an, dessen Projektionsbild Sie dann auf der Drachenfläche nachzeichnen.

Ein zuverlässiger Klassiker: der Hexagondrachen. Die Knüpfbatik wurde der geometrischen Form des Hexagons angepaßt.

Starre Quadrate

Quadrat aus einer Einkaufstüte

Für den Drachen mit dem Schilfgerüst brauchen Sie:
2 möglichst gerade und gleich lange trockene Schilfrohrstangen; leichtes Bespannpapier; Schnur für die Umrandung und Kreuzverbindung; Klebefilm und -band; Alleskleber; 2 Kreppapierschwänze, je 10 x 500 cm; Dreischenkelige Waage, 36/36/35.

Auch bei anderen Flachdrachen habe ich mit Schilfrohrgerüsten gute Erfahrungen gemacht. Die Drachen dürfen aber nicht zu groß gebaut werden.

Gehen Sie wie beim Bau des Spitzdrachens vor. Sichern Sie die Kreuzverbindung zusätzlich mit kleinen Klebestreifenstücken gegen Verrutschen.

Das Foto auf Seite 61 zeigt auch zwei starre quadratische Drachen, die nach der Bauanleitung für den Spitzdrachen gebaut wurden. Der kleinere entstand aus einer Plastikeinkaufstüte und dünnem Bambusrohr und hat einen Schlaufenschwanz aus Baustellenabsperrband.
Der größere seidenpapierbespannte Drachen ist dank seines Schilfgerüsts ein extrem leichtes Modell, das noch fliegt, wenn kein anderer Drachen sich erheben will.
Schilfrohr war das Gerüstmaterial, mit dem ich als Kind meine ersten Drachen baute. Entdecken Sie dieses Material! Hier einige Tips zum Umgang mit Schilf: Es gibt genügend Gewässer, die von wildwachsendem Schilf umstanden sind. Suchen Sie möglichst gerade Stengel aus, die Sie knapp über dem Boden abschneiden (Vorsicht! Verletzungsgefahr an Blättern und Stengeln). Entblättert, trocknen die Schilfrohre schnell. Für das Gerüst suchen Sie zwei gleich starke Abschnitte aus. Wenn Sie die beiden dickeren Enden an den oberen beiden Ecken des Quadrats anordnen, werden Sie mit der Masseverteilung keine Probleme bekommen. Schneiden Sie das Schilfrohr nur mit einem scharfen Messer. Zusammengequetschte Stengel sind unbrauchbar. Die Kerben bringen Sie sehr behutsam an. Aber seien Sie nicht zu ängstlich! Im Flug erweisen sich die Gerüststäbe als erstaunlich widerstandsfähig. Der abgebildete Drachen hat im Laufe von zwei Jahren viele Flugstunden unbeschadet überstanden.
Bewährt haben sich Schilfrohrgerüste auch bei kleineren Rhomboid- und Hexagondrachen. Natürlich gewachsene Querstreben müssen immer gut ausbalanciert werden.

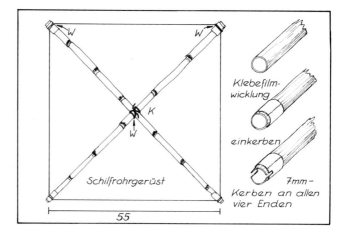

Zerlegbares Hexagon

Sie brauchen:
Dichten leichten Stoff, 90 x 100 cm; 3 Buchenrundstäbe, ⌀ 6 mm, 92 cm lang; 9 Ösen, Gewebekleber, Nähzeug (Nähmaschine); Maschenschwanz aus Stoff, ca. 3 m lang; dreischenkelige Waage, 45/45/50; Schwanzwaage, 70/70.

Der regelmäßige Sechseckdrachen stammt aus China. Er ist ein zuverlässiger Drachen, der sich an sehr unterschiedliche Windgeschwindigkeiten durch Änderung der Schwanzlänge und geringe Manipulationen der Waageneinstellung anpassen läßt. Der traditionelle Maschenschwanz kann auch, wie beim Quadrat, durch andere Spielarten ersetzt werden.

Das abgebildete Modell hat eine Bespannung aus Baumwollstoff mit roter Grundfarbe, der schon vor dem Zuschneiden das schwarze Muster durch Knüpfbatik bekommen hat. Andere Gestaltungsmöglichkeiten wären Bemalen mit Stoffarben, Aufkleben von bunten Stoffstücken, Fransen an den Kanten usw. Denken Sie aber bei allem Zierat auch an das Gewicht des Drachens!

Falten Sie den Stoff der Länge nach in der Mitte und konstruieren Sie das Sechseck mit der Leiste als Hilfszirkel. Saum zumessen, zuschneiden, säumen.

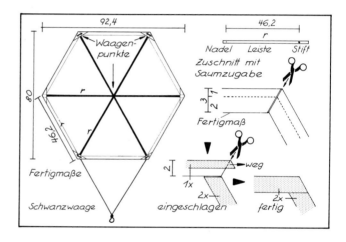

Taschen zuschneiden, säumen, aufnähen. Verstärken Sie die Mitte des Hexagons durch ein aufgeklebtes Stück Stoff. Schlagen Sie oben, unten und in der Mitte die Ösen ein. Bringen Sie die Waagenschnüre an (Seite 15).

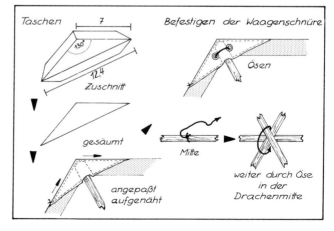

Hexagonvarianten mit Papierbespannung

Starre Hexagondrachen bieten noch mehr Gestaltungsmöglichkeiten als die zerlegbaren. Nutzen Sie das Angebot kräftig farbiger Seiden- und Pergaminpapiere. Mit Fransen aus Kreppapier können Sie tolle Effekte erzielen.

Zu besonders interessanten Formen gelangt man, wenn man beim regelmäßigen Sechseck, ähnlich wie bei vielen Bermudadrachen, zwei Stäbe nach oben verlängert, die dann weiteren Platz für Schmuck oder auch einen Summer bieten.

Diese Drachen werden mit der Technik gebaut, die bei den geometrischen Formen (Seite 34f.) ausführlich vorgestellt wurde. Achten Sie auch hier auf die Einhaltung der geometrischen Form. Verlassen Sie sich nicht auf Ihr Augenmaß. Zeichnen Sie einen sechsfach unterteilten Kreis auf Ihre Unterlage (Foto Seite 36) und spannen Sie die Gerüststäbe am besten ein, wenn Sie die Mittelverbindung schnüren und die gespannte Schnur ziehen. Die Bespannung verkleben Sie an den Ecken sehr gründlich.

Beim großen Hexagon sind alle Schnur-Holz-Verbindungen mit „beigeleimten Kerben" gegen Verrutschen gesichert. Eine zusätzliche Tragfläche im oberen Bereich verhindert, daß der Drachen kopflastig wird. Die Löcher um den inneren Stern steigern die Flugstabilität dieses tragfähigen Modells.

Der Sechseckdrachen „Bermuda" ist kein Drachen, den man auf die schnelle bauen kann. Alle gespannten Schnüre müssen sehr sorgfältig angebracht werden, damit sich das Gestell nicht verzieht. Die vielen Flächen verschiedenfarbig zu gestalten, ist ein richtiges Puzzlespiel.

Für das einfache Sechseck brauchen Sie:
3 Weichholzleisten, 5 x 5 mm, 80 cm lang;
Transparent- oder Seidenpapier, Spannschnur, Kreppapier, Kleister, Alleskleber. Schwänze:
2 Kreppapierstreifen, je 12 x 500 cm, oder Maschenschwanz über Schwanzwaage.

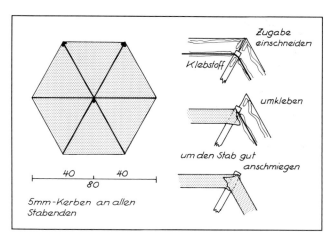

So verbinden Sie die drei Gerüststäbe in der Mitte:
Am besten spannen Sie die Stäbe in ihrer Lage fest.
1. Stäbe leicht aufeinandergeklebt, Schnur unter der Mitte.
2. Schnur hochziehen, einmal binden, Klebstoff drauf.
3. Schnur unter dem untersten Stab durchziehen und in der angegebenen Weise gegen den Uhrzeigersinn um die Stäbe schlingen.
4. Alle Wicklungen straffen, Schnurenden verknoten, ganze Verbindungen mit Klebstoff fixieren.

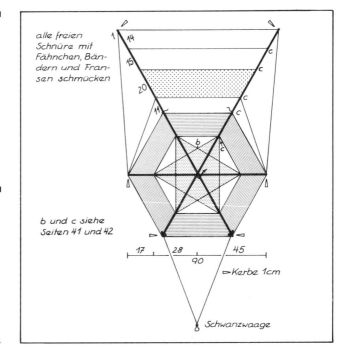

Den Hexagondrachen „Bermuda" bauen Sie mit:
Leisten, 7 x 7 mm oder 8 x 8 mm, zwei 150 cm, einer 90 cm lang; Transparent- und Seidenpapier, Spannschnur, Kreppapier. Schwanzwaage, 60/60.
Dreischenkelige Waage 45/45/64.

Dieser großflächige Drachen kann reich geschmückt werden. Der eigentliche Bermudadrachen hat einen weiteren Stab nach oben, der mit einer zusätzlichen Querstrebe nach vorne gewölbt wird.

Zwei starre Sechseckdrachen. Die verlängerten Gerüststäbe bieten Platz für den Schmuck aus Kreppapierfähnchen, -bändern und -fransen.

Drachen mit Flächenwinkel

Der Eddy

Er sieht aus wie ein „normaler Drachen", ist aber eine Konstruktion mit ganz hervorragenden Flugeigenschaften.

Sie brauchen:
ca. 3,1 lfd. m dichten Baumwollstoff, 80 cm breit (bei gemusterten Stoffen auf Rapport achten!).
Raminleisten: Eine 10 x 10 mm, 154 cm lang; eine 5 x 25 mm, 150 cm lang.
10 x 6 cm Sperrholz, 8 mm stark; steifen Draht; 8 m geflochtene Perlonschnur, 1 – 2 mm stark; Hanfschnur, 5 Ösen, Leim, Gewebekleber, 2 D-Ringe, Leinenband, 2 Verteilerklemmen, Nähutensilien (Nähmaschine), zweischenkelige Waage, 122/188.

Zum Heben von Lasten experimentierte um 1890 der Amerikaner William A. Eddy mit Drachengespannen, die aus bis zu 18 schwanzbewehrten Sechseckdrachen bestanden. Da es immer wieder Schwierigkeiten mit verhedderten Schwänzen gab, ersann Eddy den nach ihm benannten Drachen, der auf den Schwanz ganz verzichten kann. Seine Flugstabilität erhält er durch die gebogene Querstrebe, welche die beiden Drachenhälften in einen Winkel zueinander bringt (Seitenstabilität) und gleichzeitig den Längsholm als Kiel hervortreten läßt (Längsstabilität). Diese als „Flächenwinkel" bezeichnete Anordnung der Drachenfläche ist verantwortlich für die Stabilität aller gebogenen Drachen. Auch die nachfolgenden Drachenmodelle, der Seeadler, der Delta und der lenkbare Glite, lassen sich hier zuordnen.
Der Eddy ist ein hervorragender Lastenträger und Thermiksegler. Seine Bewährungsprobe bestand er beim Transport von Wetterbeobachtungsgeräten (ab 1894 Blue Hill-Observatorium, Massachusetts, USA) und beim Einsatz zu frühen fotografischen Luftaufnahmen.
Das hier beschriebene Modell ist mit wenigen Handgriffen auf- und abzubauen. Um den Eddy optimal zu trimmen, sind an allen Kanten Spannschnüre eingearbeitet, die mit den Feststellern eine genaue Dosierung der Kantenspannung erlauben. Diese, etwas aufwendig erscheinende Ausstattung hat sich in der Flugpraxis als außerordentlich sinnvoll erwiesen. Wenn Sie den Eddy wesentlich kleiner bauen oder formbeständiges Spinnakernylon verwenden, können Sie auf diese zusätzliche Trimming verzichten.

Der ungespannte Eddy von hinten. Entnimmt man die Querstrebe, kann der Drachen um die Stäbe zu einer schlanken Rolle aufgewickelt werden.

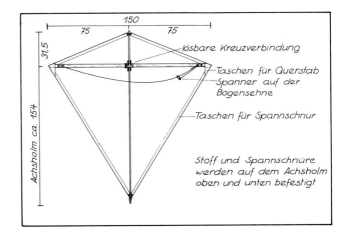

Nähen Sie zwei 1,55 m lange Stoffbahnen der Länge nach zusammen. Zeichnen Sie auf Papier eine Schablone mit den Fertigmaßen der Bespannung und übertragen Sie diese auf den Stoff. Zugaben einzeichnen. Auf Zuschnitt an den Ecken besonders achten. Ausschneiden!

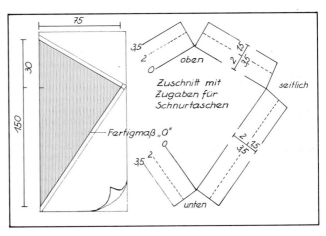

Umschläge an den Ecken oben und unten umkleben. Weiter Seite 72. Ganz rechts: Zustand nach dem Abnähen der Taschen.

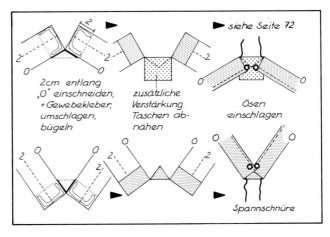

Säumen.
Spannschnur an den Ecken links und rechts fest einkleben. Taschen formen, punktweise ankleben und abnähen. Ösen oben und unten einschlagen (siehe Seite 71). Mitte auf der Rückseite mit aufgeklebtem Stoff verstärken.

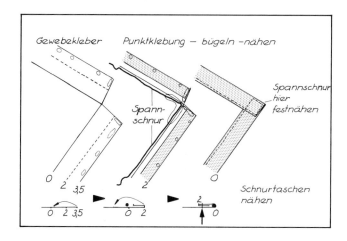

Zwei Taschen mit Saumzugaben (die zweite spiegelbildlich) ausschneiden, Säume flächig umkleben, bügeln, Taschen aufnähen. Querstrebe genau einpassen. Mit verleimten Schnurwicklungen und Leinenband die D-Ringe für die Sehne auf der Querstrebe befestigen.

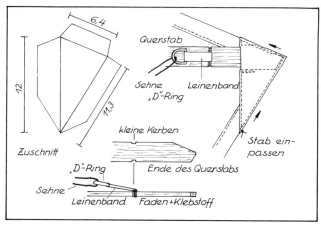

Teile für die Kreuzverbindung aus Sperrholz aussägen, auf Achsholm aufleimen und verschnüren. An die obere Schnurwicklung kommt ein Ende der Waage, die durch eine Öse nach vorne geführt wird. Schnurwicklungen auf der Querstrebe verhindern seitliches Verrutschen der Strebe. Den Spanner für die Sehne macht man ebenfalls aus Sperrholz.

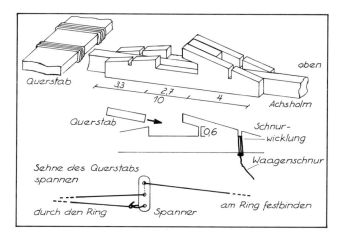

Eddy und Eddy-Winzling. Aus vielen solchen Winzlingen kann man eine lange Kette bilden (Seite 125).

Versehen Sie den Achsholm oben und unten mit den Bohrungen und den Kerben. Bringen Sie unten die Drahtösen an. Stoff oben festbinden und entlang der Mitte nach unten spannen. Bogensehne festziehen (Bogenwölbung 12 bis 16 cm). Kanten einstellen: Unten werden die Spannschnüre durch die Kerbe und die rückseitige Drahtöse geführt und erst dann, wie oben, mit einer Dosenklemme festgeklemmt. Das untere Ende der Waage wird an der Drahtöse auf der Vorderseite angebunden.

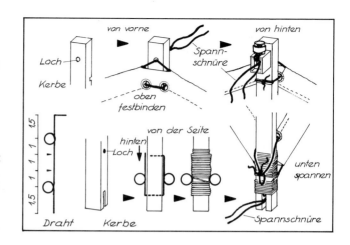

Die richtige Waageneinstellung für den Eddy können Sie ganz leicht finden. Den flugfertigen Drachen halten Sie an der Waage in den Wind. Tasten Sie sich langsam an den exakten Zugpunkt heran, den Sie dann erreicht haben, wenn der Eddy ruhig steht und an Ihrer Hand zieht. Setzen Sie den Zugring ein und befestigen Sie die Drachenschnur. Es ist ein erhebendes Gefühl, wenn der Eddy wie an einem unsichtbaren Schrägaufzug in die Höhe gleitet.
Nun überprüfen Sie Ihre Trimmung: Verhält sich Ihr Drachen ruhig? Steht er aufrecht? Sind die Kanten nicht zu schlaff? Schwankt der gut aufgestiegene Eddy dauernd hin und her, hat er nicht genügend Längsstabilität. Stellen Sie die Waage steiler, damit das schlanke Heck seine stabilisierende Wirkung besser entfalten kann.

Eddy-Winzling

Verarbeiten Sie ein 20 cm langes knopffreies Bambusrohr zu 1 x 1,5 mm starken Leistchen. Querstab ausbalancieren, anfeuchten, über Kerzenflamme biegen, Gerüststäbchen verbinden, Bespannung anbringen. Mit einer Waage, entsprechend der am großen Eddy, fliegt der Winzling ohne Schwanz.

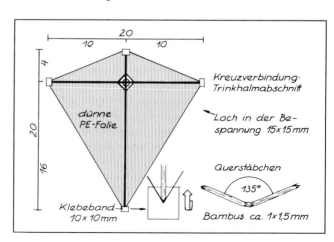

Ist die Leine nur am Kreuz befestigt, müssen Sie einen Schwanzstreifen anbringen. Schaffen Sie am Kreuz vorne und hinten je eine Schlaufe, dann können Sie viele Winzlinge zu einer langen Kette zusammenbinden (Seite 125).

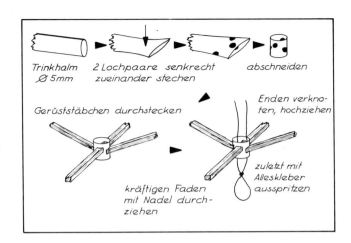

Stabilisierung durch den Flächenwinkel

Die Luftmasseneinheit übt auf die richtig angestellte und senkrecht zur Windrichtung orientierte Drachenhälfte die Luftkraft F_L aus. Bei Schrägstellung zur Windrichtung ändern sich: 1. die senkrechten Komponenten der Luftkraft auf die Drachenhälften; 2. die Luftmasse, die pro Drachenhälfte wirksam wird. Bei Drachen mit Flächenwinkel ist für die Drachenhälfte, die in den Wind hineindreht, die senkrechte Komponente der Luftkraft pro Luftmasseneinheit und die wirksame Luftmasse größer als für die andere Hälfte. Daraus ergibt sich die Rückstellkraft. Bei Kastendrachen wirken die schräg und parallel zur Windrichtung orientierten Flächen in gleicher Weise.

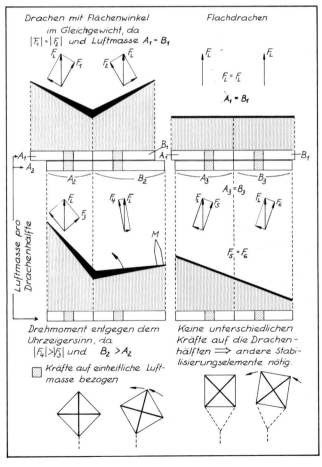

Seeadler

Sie brauchen:
Buchenrundstäbe, ⌀ 6 mm, einen 81 cm, zwei je 70,5 cm lang. Aluminiumrohr, Hanfschnur, Polyesterharz mit Härter, Tyvek, 140 x 100 cm; 3 m geflochtene Spannschnur, ⌀ 1,5 mm; vierschenkelige Waage, Wasser- oder Plakafarben.

Bei den käuflichen Drachen überwiegen die Vogelmotive bei weitem. Im Gegensatz zu diesen Modellen, die den Vogel nur auf eine viereckige Kunststoffolie aufgedruckt haben, wollen wir der Bespannung die tatsächliche Form des Seeadlers geben. Als Bespannungsmaterial eignet sich besonders Tyvek, dessen Ränder, auch wenn sie nicht gesäumt wurden, nur bei übermäßiger Beanspruchung einreißen.

Der Flächenwinkel gibt diesem Drachen so gute Flugstabilität, daß man auf den Schwanz ganz verzichten kann. Neu sind die Steckverbindung, mit der Achsholm und Querstreben miteinander verbunden werden, und die vierschenkelige Waage, die mit der Einstellhilfe sehr fein abgestimmt werden kann.

Steckverbindung:
Das gebogene Aluminiumrohr wird mit Hanfschnur auf den Achsholm gebunden (Kreuzverbindung Seite 35) und die Verbindung mit Polyesterharz verfestigt.

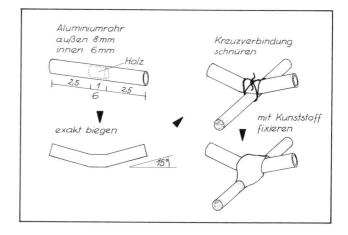

Die äußeren Enden aller Gerüststäbe werden je 5 mm eingekerbt, die Querstreben eingepaßt und die Spannschnur wie üblich (Seite 36) angebracht, jedoch bei den Kerben der Querstreben nur einfach durchgezogen, ohne zu umschlingen.

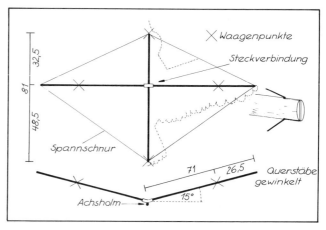

Der Seeadler in naturalistischer Bemalung

Diese Maße für die vier Schenkel der Waage haben sich bei dem oben abgebildeten Drachen bewährt. Der Schnabel ist an die obere Waagenschnur angeklebt.

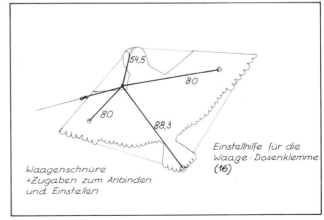

Waagenschnüre +Zugaben zum Anbinden und Einstellen

Einstellhilfe für die Waage: Dosenklemme **(16)**

Schablone mit Umrissen des halben Seeadlers zeichnen und auf fertiges Gerüst anpassen. Tyvekbespannung ausschneiden (Lötkolben, Messer oder Schere), Achsholm und Spannschnur von hinten aufkleben, Durchlässe für Waagenschnüre mit Lochverstärkungsringen sichern, die beiden Waagenschnüre anbringen. Eine verbindet die Punkte auf den Querstreben, die zweite die auf dem Achsholm.

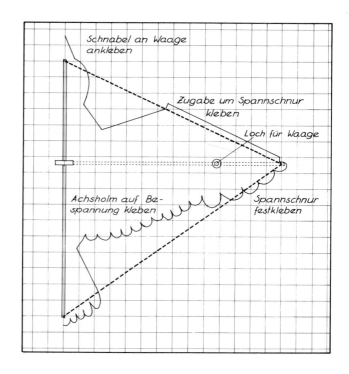

Jetzt sollten Sie den Drachen zuerst einmal erproben und seine Waage genau auf Ihre Konstruktion anpassen. Das Federkleid malen Sie am besten erst, wenn Sie sich von dem majestätischen Flug Ihres Seeadlers überzeugt haben.

Am besten verwenden Sie Plakafarben, wenn Sie Ihrem Seeadler ein Federkleid aufmalen wollen. Aber schon in geringer Höhe wird Ihr Kunstwerk verblassen, und nur die Umrisse des Vogels werden gegen den hellen Himmel sichtbar sein. Sie könnten also den Adler auch unifarben dunkel anmalen, wenn Ihnen das naturalistische Federkleid zuviel Mühe bereitet oder einfach nicht Ihren Vorstellungen entspricht.

Wenn Sie den Seeadler richtig getrimmt haben, fliegt er außerordentlich ruhig und majestätisch. Bei leichtem Wind wäre eine zweischenkelige Waage vollkommen ausreichend, aber bei höheren Windgeschwindigkeiten gewährleistet die vierschenkelige Waage eine große mechanische Stabilität, die sonst nur durch ein wesentlich stärkeres Gerüst, das heißt durch mehr Masse, erreicht werden könnte.

Wenn Sie die Spannschnur aus den Kerben der Querstreben heben, können Sie das Gerüst zerlegen (Waagenschnüre nicht lösen!) und die Bespannung um die Stäbe aufrollen.

Delta

Sie brauchen:
Leichten, festen und dichten Baumwoll- oder Synthetikstoff; auch Tyvek ist gut geeignet. Rundstäbe, ⌀ 8 bis 10 mm: 2 Kantenstäbe, 118 cm lang; 1 Achsholm, 90 cm lang. 1 Spreizstab, am besten aus Bambusrohr, 100 cm lang. Nähutensilien (Nähmaschine), Gewebekleber, Leim; Leinenband, 12 bis 15 mm breit; steifen Draht, einige Ösen mit Werkzeug.

Der Name „Delta" kommt von der Form des griechischen Buchstabens Δ. Die Grundlagen für diesen Drachen erarbeitete nach dem Zweiten Weltkrieg Francis Rogallo, ein amerikanischer Luftfahrtingenieur, dessen Experimente mit flexiblen Flügeln zu einer ganzen Reihe flugtauglicher Konstruktionen führten, von denen der „Hanggleiter" die bekannteste ist. Die Flugstabilität bekommt der Delta durch den Flächenwinkel, den Kiel und durch die gebauschten Flügel, die sich dem Wind anpassen.

Die Eleganz des Deltaflugs hat Drachenfreunde in aller Welt zu einer großen Zahl von Delta-Varianten angeregt. Unser erstes Modell orientiert sich am klassischen Rogallo-Deltaflügel, dessen klare Form dieser Drachenfamilie den Namen gab.

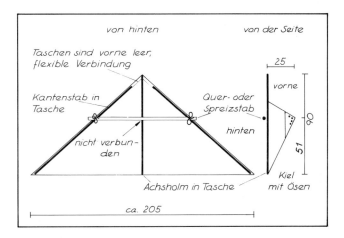

Der Delta ist ein halbflexibler Drachen. Der Achsholm ist weder mit den Kantenstäben noch mit dem Spreizstab starr verbunden.

Bügeln Sie den Stoff, bevor Sie die Maße aus der Zeichnung übertragen und die Drachenteile zuschneiden. Kaum Abfall werden Sie haben, wenn Sie Stoff verwenden, dessen beide Seiten gleich sind.

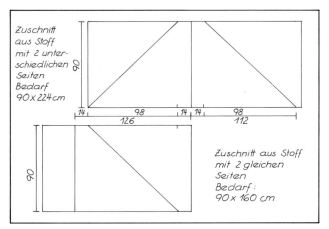

Messen Sie jeweils von den Rändern einwärts und ziehen Sie die Hilfslinien. Die Linien 3, 7 und III sollten auf der Rückseite, III und V auf der Vorderseite sichtbar sein.

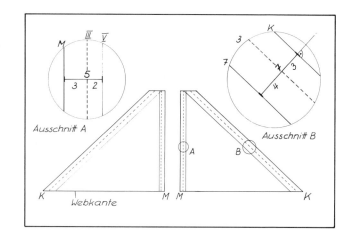

Beim Säumen und Abnähen der Kantentaschen ersetzen punktweise Klebungen die Stecknadeln. Mitte ebenfalls auf der Rückseite säumen. Drachenhälften, Vorderseite nach außen, aufeinanderlegen, zusammennähen und gleichzeitig Tasche für den Achsholm abnähen.

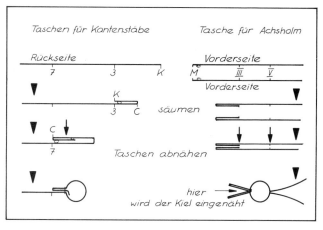

Für den Kiel benutzt man den restlichen oder einen andersfarbigen Stoff, der mit den Flügeln harmoniert. Das flache Ende des Kiels muß mit der unteren Kante des Deltas abschließen.

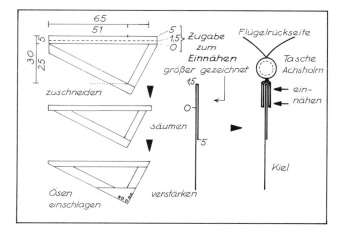

Der segelnde Deltadrachen direkt von unten aufgenommen.

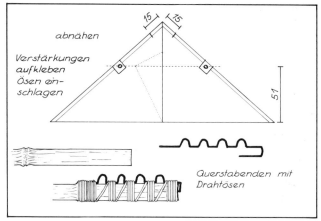

Verstärkungen ganzflächig aufkleben! Ösen einschlagen, bevor die Kantenstäbe eingepaßt werden.

Vergessen Sie nicht den Spreizstab auszubalancieren.

Der Spreizstab wird mit einem Stück Leinenband befestigt. Binden Sie eine Schleife, die sich leicht lösen läßt. Ein Drahthaken zum Einhängen der Drachenschnur ist schnell gebogen.

Bei schwachem Wind wird der Drachen gut mit dem Spreizstab gespannt. Bei kräftigem Wind sollten sich die Flügel stärker wölben können. Mit der Veränderung des Zugpunktes haben Sie ein weiteres Instrument in der Hand, den Delta an die Windverhältnisse anzupassen.

Delta mit zwei Schwänzen

Sie brauchen:
Dichten, aber leichten Baumwoll- oder Synthetikstoff, ca. 80 x 250 cm; Raminrundstäbe, ⌀ 10 mm, oder entsprechende Bambusstäbe, Achsholm, 146 cm; Kantenstäbe, je 123 cm; kräftigerer Spreizstab, 106 cm lang; ca. 90 cm PE-Schlauch, ⌀ i. 8 mm; Synthetikstoff für die Schwänze. Sonstiges wie beim Delta oben.

Der Delta läßt sich gut aus der Hand starten. Sorgen Sie dafür, daß die ersten 20 bis 30 m Leine sehr schnell aufgenommen werden, denn die unruhigen Windverhältnisse in Bodennähe können den Deltadrachen plötzlich auf den Kopf stellen. Bei höheren Windgeschwindigkeiten ist ein Hochstart auf jeden Fall vorzuziehen. Der gut eingestellte Drachen steigt sehr rasch und stabilisiert sich steil über dem Piloten in einer segelnden Fluglage. Will man den Drachen reaktivieren, zieht man ruckartig an der Leine, so daß er sich wieder in den Wind stellt.

In der Drachenliteratur findet man eine große Zahl von Delta-Varianten, die sich zum Teil sehr weit vom Vorbild Rogallos entfernen (Darstellung der Entwicklung in der amerikanischen Drachenzeitschrift KITE LINES, Vol. 3, Nr. 4, 1981, Seite 18 f).

Mit unserer ersten Variante, dem Doppelschwanzdelta mit modifizierter Spitze, bleiben wir ganz nahe beim Grundmodell, erhalten aber durch die wenigen Zugaben einen Drachen, der wesentlich ruhiger auf unregelmäßigen Wind reagiert und sehr majestätisch fliegt. Die Besonderheiten des Zuschnitts sind zeichnerisch dargestellt. Beim Nähen richten Sie sich nach der Anleitung, die für den klassischen Delta gegeben wurde. Am günstigsten arbeiten Sie mit einem 80 bis 90 cm breiten Stoff und setzen die Spitze und die geschwungene Heckpartie an. Wenn Sie weißen Stoff verwenden, haben Sie bei der farblichen Gestaltung mit Textilfarben freie Hand. Eine bunte Bespannung aus verschiedenfarbigen Stoffen auf der Nähmaschine zusammenzusetzen ist außerordentlich schwierig.

Setzen Sie den Stoff für die Spitze an und zeichnen Sie zwei spiegelbildliche Drachenhälften jeweils vom Dreieck C–D–E ausgehend. Beachten Sie die Zugabe in der Drachenmitte, ziehen Sie die Hilfslinien (Ausschnitte A und B Seite 80) und schneiden Sie zu. Fügen Sie das fertig gesäumte Schwanzteil an. Die gesamte Näharbeit verrichten Sie wie oben.

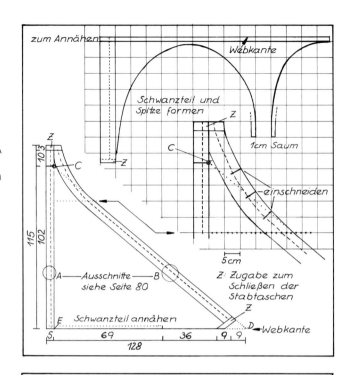

Die Maße des fertigen Kiels sind in der Übersichtsskizze angegeben. Die Zugaben und Verstärkungen entnehmen Sie den Zeichnungen auf Seite 80 unten. Bei der Spitze müssen Sie sehr sorgfältig arbeiten: Legen Sie auf beiden Seiten je 45 cm PE-Schlauch auf und formen Sie um ihn die Tasche. Die Einschnitte unterkleben Sie mit kleinen Stoffstückchen. Bei der Endmontage schieben Sie die vorne verjüngten Kantenstäbe 2 bis 3 cm in die PE-Schläuche. Den Schwanz setzen Sie aus Synthetikstoffstreifen zusammen, die Sie, um das Säumen zu sparen, mit dem Lötkolben unter Schaffung einer sauberen Schmelzkante „schneiden".

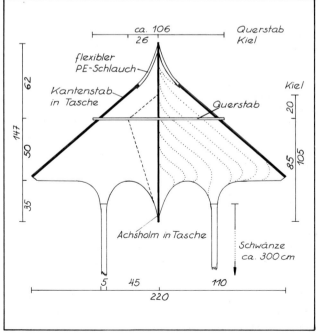

Müllsack-Delta mit Fransen

Sie brauchen:
Einen 90-Liter-Müllsack; zwei Kantenstäbe, je 60 cm; Achsholm, 48 cm; Spreizstab, ca. 51 cm lang, alle dünne Bambussplittstäbe. 6 cm PE-Schlauch, Øi. 6 bis 8 mm; Lochverstärkungsringe (Lötkolben mit Glasseidenband zum Folienschweißen).

Der Doppelschwanzdelta darf in jeder Hinsicht zu den großen Drachen gerechnet werden. Ihm zur Seite möchte ich als weitere Deltavariante einen lebendigen kleinen Segler stellen, der fast zum Nulltarif zu bauen ist. Bei einem so kleinen Drachen sollten Sie möglichst an Masse sparen und auf einwandfreie Symmetrie achten. Als Material bietet sich wieder die Polyethylenfolie eines Müllsacks an. Am günstigsten ist es, wenn Sie die Nähte weitgehend schweißen. Falls Sie nicht schweißen können, verwenden Sie Klebefilm, um die beiden Drachenhälften zu verbinden, den Achsholm ein- und die Stabtaschen abzukleben. Sehr leichte und zähe Gerüststäbe schaffen Sie aus Bambussplittstäben, die Sie mit dem Messer etwas dünner schnitzen.

Schneiden Sie die untere Schweißkante des Müllsacks ab und spannen Sie den Folienschlauch doppellagig auf eine schnittfeste Unterlage (Seite 28). Plan aufzeichnen, mit scharfem Messer beide Drachenhälften gleichzeitig zuschneiden, Tasche für Achsholm schweißen.

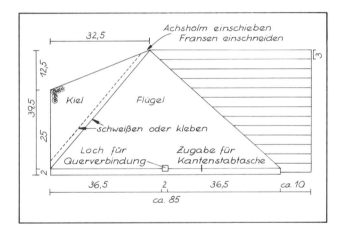

Ohne schweißen:
Flügel auseinanderfalten, mit Klebefilm längs und quer verbinden, dünnen Achsholm mit Klebefilm einkleben.

Folie schweißen:
Folie mit aufgelegtem Glasseidenband schützen, Lötkolben zügig an einer Schiene entlang über das Band führen. Nach einiger Übung gelingt das Folienschweißen auch ohne Schutzband.

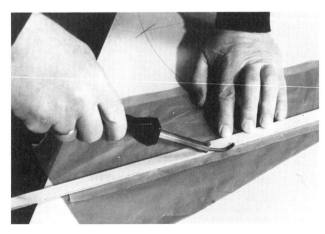

Der große Doppelschwanzdelta und sein kleiner Bruder aus einem Müllsack. Solche Annäherungen verlaufen nicht immer friedlich.

Die Taschen für die Kantenstäbe schweißen Sie erst, wenn Sie die Stäbe mit den aufgesteckten PE-Schlauchstücken aufgelegt haben. Oben und unten bleiben die Kantentaschen je 6 bis 7 cm leer (zuschweißen!).
Falls Sie die Taschen mit Klebefilm schließen, müssen Sie die Stäbe vorher mit Klebeband in ihrer Lage fixieren. Der Spreizstab muß nicht den PE-Schlauch ausfüllen; durch die gewinkelte Anordnung wird er gut festgehalten. Den Kiel schließen Sie ebenfalls durch Schweißen oder mit Klebefilm. Die Drachenleine wird mit einem kleinen Haken (Büroklammer) am Kiel befestigt. Die Löcher werden mit Lochverstärkungsringen gesichert, alle gefährdeten Stellen mit Klebeband geschützt.

Lenkbarer Glite

Sie brauchen:
1 Buchenrundstab, ø 8 mm, 112 cm lang;
2 Bambussplittstäbe, ø 6 bis 8 mm, 80 cm lang;
Tyvek, 82,5 x 82,5 cm;
Draht, Schnur, Leim, Leinenband, Klebstoffe.
Gerüstkopf, Polyethylenschlauch; Schlauchschwanz, 20 m; 2 zweischenkelige Waagen.
2 Drachenleinen.

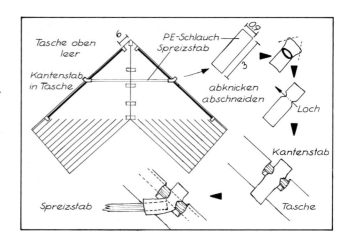

Der Spreizstab Ihres Drachens ist richtig bemessen, wenn sich die Drachenmitte etwa 6 cm vorwölben kann. Der Fransendelta ist ein hervorragender Leichtwinddrachen. Sollte der Wind plötzlich einschlafen, segelt er sanft auf den Piloten zu, statt nach hinten abzusinken. Mit einer kleinen Last am Kiel kann man ihn auch ohne Schnur einen Berghang hinabgleiten lassen.
In stärkerem Wind werden Sie schnell erkennen, ob der Delta einwandfreie Symmetrie aufweist. Neigt er sich, trotz Massengleichgewicht nach einer Seite, dann erfährt diese Drachenseite eine größere Luftkraft als die andere. Eine winzige Falte in dieser Drachenhälfte (mit Klebefilm fixieren) kann alles ins Lot bringen.

Der Flug eines Lenkdrachens bietet ein faszinierendes Schauspiel. Der aus den USA stammende Glite ist ein Drachen, der sich für die Zweileinentechnik hervorragend eignet. Sein typisches Merkmal ist das Dreistabgerüst: Im Gerüstkopf sind die beiden Kantenstäbe rechtwinklig zueinander eingesteckt; zur Ebene dieser beiden Stäbe ist der Achsholm in einem Winkel von 15° angeordnet, so daß er wie ein Kiel hervortritt. Das quadratische Segel erhält durch den Flächenwinkel und den Winddruck seine charakteristische doppelt gebauschte Form, die bei Rogallo-Drachen die ausgezeichneten Flugeigenschaften bedingt. In der folgenden Bauanleitung wird auf eine stabile und präzise Konstruktion des Gerüstkopfes besonderen Wert gelegt. Verarbeiten Sie das Polyesterharz streng nach Vorschrift des Herstellers und beachten Sie die Warnhinweise.

Der Glite beim Start aus der Hand. Deutlich ist die doppelt gebauschte Form zu sehen, die für das ausgezeichnete Flugverhalten dieses Modells verantwortlich ist. Aufgrund der Elastizität der Kantenstäbe erhält der Glite unter dem Winddruck eine relativ schlanke Form. Die beiden Waagen müssen so eingestellt sein, daß der Wind die Drachenfläche voll trifft. Hier ein Richtwert: 80/88.

Technik des Lenkens

Kurven

Sturzflüge

Loopings

An den Kunstflug mit lenkbaren Drachen muß man sich langsam herantasten. Das Prinzip ist ganz einfach: Gelenkt wird mit zwei ca. 60 m langen Drachenschnüren aus Kunstfasern, die vollkommen gleich beschaffen sein müssen. Die Drachenwaagen werden so eingestellt, daß der Drachen steil im Wind steht und die Schnüre immer gespannt sind. Zieht man an einer der beiden Leinen, so neigt sich der Drachen nach der Seite der betätigten Schnur. Auf diese Weise kann man Kurven, Sturzflüge und seitliche Loopings fliegen. Könner lassen den Glite waagrecht über das Gelände huschen oder kunstvolle Figuren beschreiben. Bei den Überschlägen verdrehen sich die beiden Leinen. Aber keine Sorge; auch bei 10 und mehr Drehungen nach einer Seite erlauben gut gleitende Schnüre immer noch deutliche Lenkbefehle. Geübte Piloten können ihren Glite sanft landen und wieder starten lassen. Der Anfänger versichert sich besser eines Gehilfen. Der Glite eignet sich hervorragend für den Gespannflug. Zu diesem Zweck verbindet man die Einzeldrachen an ihren Waagenpunkten mit 2 bis 10 m langen, nicht dehnbaren Schnüren.

Den Gerüstkopf fertigt man aus Aluminiumrohr, Schnur und Polyesterharz. Die Aluminiumrohre werden durch Sägen, Hämmern und Biegen in die gewünschte Form gebracht, mit Schnur zusammengebunden und in ihrer genauen Lage fixiert (Kantenstäbe rechtwinkelig zueinander, Achsholm in der Mitte 15° zur Fläche der Kantenstäbe). Die angedeutete Verschnürung wird mit dichten Schnurlagen bis ca. 5 mm vor den Enden der Rohre fortgeführt. Das mit Härter vermischte Polyesterharz muß in mehreren Arbeitsgängen aufgebracht werden. nach dem Aushärten geben Sie dem Gerüstkopf durch Raspeln, Feilen und Schmirgeln seine endgültige Form.

Den Achsholm verbinden Sie am besten dauerhaft mit dem Gerüstkopf. Achten Sie darauf, daß die Ösen am unteren Ende nach vorne liegen. Die beiden Kantenstäbe werden loslösbar eingepaßt. Sie bekommen auf der Vorderseite je eine Drahtöse für die Waagenbefestigung.

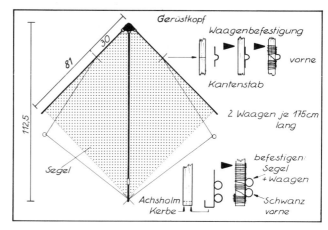

Bespannung in der bezeichneten Reihenfolge kleben und nähen. Ränder des Lochs für die Waagenhalterung mit Klebeband sichern. Reihenfolge des Zusammenbaus: Kantenstäbe durch die Taschen in den Gerüstkopf stecken. An den Seiten und der unteren Spitze spannen. Waagen und Schwanz anbringen. Beim Zusammenlegen werden nur die seitlichen Spannbänder gelöst und die Kantenstäbe (Bespannung etwas nach oben schieben) vorsichtig aus dem Gerüstkopf gezogen.

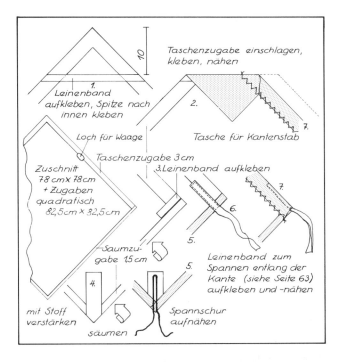

Der Glite bei seitlichen Loopings. Der lange Schwanz zeichnet die Flugbahn nach. Solche 20 bis 25 m lange Schlauchschwänze oder PVC-Strippen bezeichnet man als „Himmelsschreiberbänder".

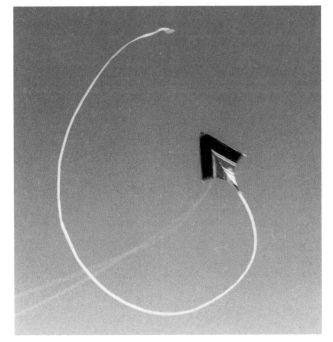

Kastendrachen

Ein Kasten mit vielen Möglichkeiten

Sie brauchen:
4 Fichtenleisten, 5 x 5 mm, 80 cm lang;
4 Fichtenleisten, 3 x 8 mm, ca. 36 cm lang.
2 Tyvekbahnen, 27 x 100 cm; Alleskleber, Leim, Klebeband, Leinenband;
zweischenkelige Waage, 48/76.

Als Vater der Kastendrachen gilt Lawrence Hargrave (1850–1915), ein gebürtiger Engländer, der in Australien lebte. Mit dem Ziel des bemannten Fluges, experimentierte er auch mit Drachen unterschiedlichster Formen und erfand 1893 die zweiseitig offenen Zellen als Elemente einer neuen Drachenfamilie. Eine seiner Konstruktionen löste die Eddy-Drachen am Blue-Hill-Observatorium ab.
Unser zweizelliger Kastendrachen kann ganz ohne Näharbeit aus Tyvek gebaut werden. Der besondere Reiz dieses Modells liegt darin, daß es, mit einem Flügelpaar versehen, auch bei schwachen Winden fliegt und sich mit seinesgleichen zu einer ganzen Schar von Flugobjekten kombinieren läßt. Bauen Sie am besten mehrere vollkommen gleiche Kastendrachen.

Der Kasten mit zwei würfelförmigen Zellen wird durch vier herausnehmbare Spreizstäbe in Form gebracht.

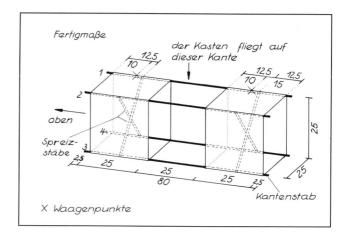

Die Flugstabilität der Kastendrachen ist wirklich erstaunlich. Hier werden vier verschiedene Möglichkeiten, den einfachen Kasten anzubinden, gezeigt.

Schneiden Sie die Bespannung mit 1 cm Saumzugabe oben und unten zu. Kleben Sie den Saum mit Alleskleber nach innen.

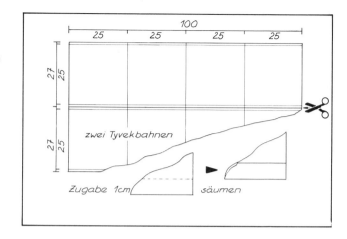

Markieren Sie alle Kantenstäbe 15 cm von den Enden aus. Die Holzstückchen, die das Verrutschen der Spreizstäbe verhindern sollen, werden bei den Kantenstäben 1 und 3 von unten her, bei 2 und 4 von oben her bis zur Marke 15 cm aufgeleimt. Alle Leisten auf beide Tyvekbahnen kleben, trocknen lassen, und Bahnen an Kantenstab 1 zu Zellen schließen. Wenn alles gut durchgetrocknet ist, überkleben Sie die Stoßnähte an Kantenstab 1 mit Klebeband.

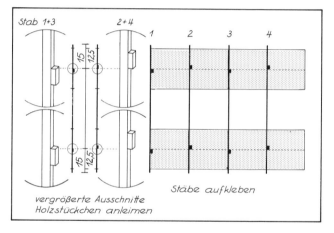

Die Spreizstäbe werden so eingepaßt, daß sie sich gerade noch etwas wölben. Schützen Sie die Enden gegen Aufspalten (Seite 11). Die Aufbauhilfe fertigen Sie aus zwei 3,5 cm langen PE-Schlauch-Stücken und einer Leiste, 5 x 5 mm, 40 cm lang.

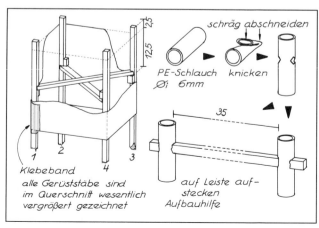

Die zweischenkelige Waage befestigen Sie an Kante 1 mit Nadel und Faden: Zwei Fadenschlingen, Achtknoten, Stopper (Seite 15). Beim Aufbauen stecken Sie die Aufbauhilfe von oben her diagonal auf die Kantenstabenden 1 und 3 und fügen die Spreizstäbe in der Reihenfolge 2/4 und 1/3 ein. Bei der zweiten Zelle werden Sie die Aufbauhilfe nicht mehr brauchen.

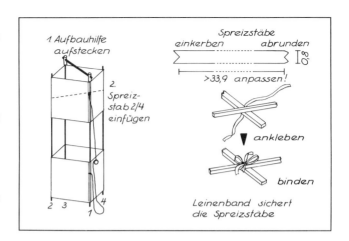

Kastendrachen dieser Art bindet man nach Hargrave an einem Punkt direkt am Gerüst an. Zuweilen werden einfache Kastendrachen mit quadratischem Querschnitt auch auf einer Fläche geflogen. Die vierschenkelige Waage erfordert bei einem so kleinen Drachen zuviel Aufwand, in Relation zum Nutzen.

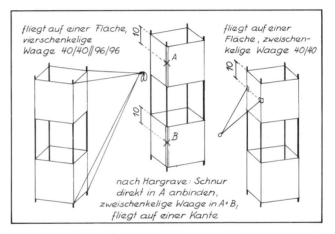

Fliegen Sie Ihren Kasten auf einer Kante.

Hargrave flog seine Kastendrachen prinzipiell ohne Waage. Er befestigte die Drachenleine an einem Punkt direkt am Gerüst. Obwohl der einfache Kasten mit dieser Aufhängung zuverlässig fliegt, gebe ich der zweischenkeligen Waage, die auf einer Kante befestigt ist, den Vorzug.

Das Leichtgewicht ist mechanisch sehr gut belastbar und außerordentlich flugstabil.

Mit einer Masse von ca. 100 g gehört unser Kastendrachen zu den Leichtgewichten seiner Familie. Dennoch benötigt man mindestens Windstärke 3, um ihn in der Luft zu halten. Erst bei größeren Windgeschwindigkeiten (die mechanische Belastbarkeit habe ich bis Windstärke 7 getestet) und böigem Wind zeigt der Kasten seine überlegene Flugstabilität, die durch die geneigten Flächen bedingt wird (siehe „Stabilisierung durch den Flächenwinkel", Seite 75).

Flügel und Segel für den Kasten

Für das Flügelpaar brauchen Sie:
Tyvek, 40 x 140 cm;
1 Fichtenleiste, 5 x 5 mm, 94,6 cm lang; 1 m Leinenband, 12,5 mm; Gewebe- und Alleskleber, Holzleim; 8 cm Polyethylenschlauch, ⌀ 6 mm innen.

Dem Kastendrachen können Sie auch den Bereich der sanften Winde erschließen. Passen Sie ihm ein Flügelpaar an, das Sie wieder ohne Näharbeit aus Tyvek arbeiten können.
Mit mehreren Kastendrachen bieten sich viele Spielmöglichkeiten, wenn Sie darauf achten, daß alle Drachen gleiche Maße haben. Auch die zweischenkeligen Waagen sollten unbedingt gleich lang sein. Zum Beispiel können Sie zwischen zwei gleichen Kastendrachen ein rechteckiges Tyveksegel spannen, die beiden zweischenkeligen Waagen an einem Zugring zu einer vierschenkeligen Waage vereinigen und damit ein imponierendes Fluggerät schaffen. Weitere Kastenkombinationen finden Sie unter „Das Spiel mit den Drachen".

Tyvekflügel zuschneiden, säumen und in den Saum 15 cm lange Leinenbänder 5 cm weit mit einkleben. Querstabenden abflachen, Führungen auf Querstab und Kantenstäbe 2 und 4 leimen. Flügel von vorne flach auf Querstab kleben, von hinten Tyvekstreifen um Querstab und gegen Flügel kleben.

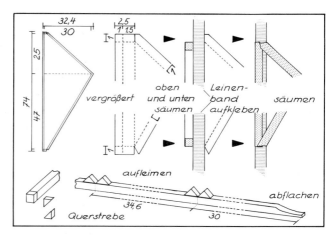

Montage: Binden Sie den Querstab in den Führungen mit Leinenband fest. Spannen Sie die Flügel unten und oben mit den eingeklebten Leinenbändern (Seiten 63 und 96) und stecken Sie zur Fixierung je 2 cm lange PE-Schlauchstücke auf.

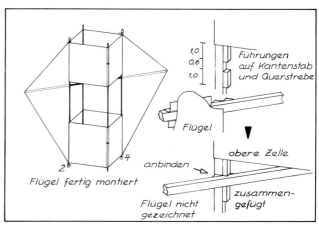

Geflügelter Kasten und Kastenkombination mit Segel. So werden Kastendrachen zu wahren Windfängern.

Kastenkombination mit Segel

Sie brauchen:
Tyvek, 31 x 80,5 cm; 2 Fichtenleisten, 5 x 5 mm, je 102 cm lang; 40 cm Leinenband; 24 cm PE-Schlauch, ⌀i. 6 mm; Alles- und Gewebekleber, Nähutensilien.

Tyvekrechteck unten säumen, Leinenbänder je zur Hälfte in seitlichen Saum einkleben, eventuell zusätzlich festnähen. Obere Zugabe einmal ganz um Querstab kleben. Schlauchstücke mit engen seitlichen Löchern versehen (Seite 92) und auf Querstäbe aufschieben, auf Kantenstäbe der Kästen aufstecken, Sitz der Schlauchstücke korrigieren und erst dann mit Klebstoff auf den Querstäben fixieren. Montage: Segel mit Querstab oben auf die Kastendrachen aufstecken und mit Leinenbändern unten über Kantenstäbe spannen. Unteren Querstab aufstecken und damit gleichzeitig Leinenbänder auf den Kantenstäben befestigen. Die beiden zweischenkeligen Waagen vereinigen Sie mit einem Buchtknoten an einem Zugring. Bei kräftigem Wind den zusätzlichen Querstab mit Leinenbändern anbinden (Führungen Seite 94).

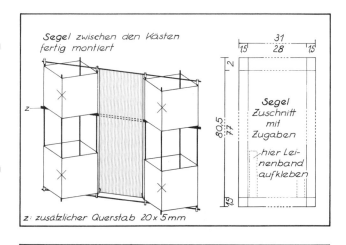

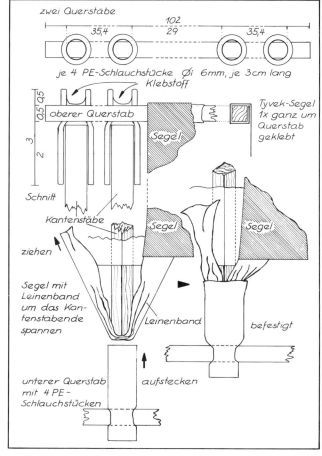

96

Einfacher und doppelter Conyne sind leistungsfähige Drachen. Unter starkem Zug vibrieren die Leinen und warnen mit einem unangenehmen hohen Summton.

Der Conyne

Sie brauchen:
Leichten dichten Baumwollstoff, 120 x 200 cm; Raminrundstäbe, ⌀ 10 mm; 3 Längsstäbe, 118 cm, und 1 Querstab, 112 cm lang. Gewebekleber, Nähutensilien, Nähmaschine. Zweischenkelige Waage, 69/106.

Dieser Drachen wurde für den Amerikaner Silas J. Conyne 1902 patentiert. 1910 lieferte Conyne mit menschentragenden Drachen Schlagzeilen in den USA: Einzelne Personen wurden mit Hilfe von Gespannen aus großen Conyne-Drachen in die Höhe gehoben.
Der Conyne ist ein Kastendrachen mit zwei Zellen dreieckigen Querschnitts (Dreieckszellen) und einem dreieckigen Flügelpaar. Beim ersten Anblick ist man überrascht, daß er nur mit einem Querstab auskommt. Unser Modell ist mit den durchlaufenden Taschen für die beiden hinteren Längsholme recht aufwendig gearbeitet. Halten Sie sich genau an die Bauanleitung. Sie führt Sie zu einem Drachen, dem auch unruhige Winde nichts anhaben können. Schon in dieser Größe ist er ein guter Lastenträger.

Alle Längsstäbe laufen in Taschen. Sie ragen mit ihren Enden je 2 cm aus der Bespannung hervor. Die Querstrebe steckt nur mit ihren Enden in kleinen Taschen an den Flügelspitzen. Nach Entfernen der Querstrebe kann der Drachen zusammengerollt werden.

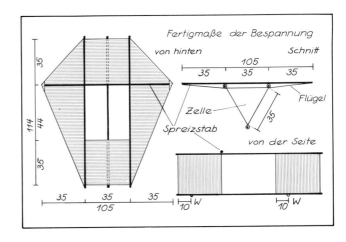

Drachenfläche und Seitenwände für zwei Zellen mit Zugaben ausschneiden und säumen. Beim Loch in der Drachenmitte rechts und links schlagen Sie nur 1,5 cm der Zugabe nach vorne um. Den verbleibenden Rand brauchen Sie, um die Stabtasche in diesem Bereich abnähen zu können.

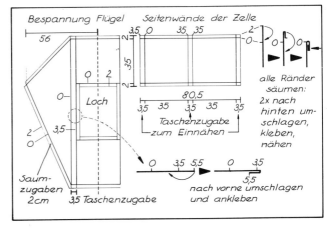

Bereiten Sie die Zellenseitenwände vor: Tasche für den mittleren Stab abnähen. Randumschlag punktweise kleben. Beim Zusammennähen führen Sie die gezeigten Arbeitsschritte zunächst nur auf einer Seite durch, bevor Sie mit der zweiten beginnen. Die Ecken des Lochs verstärken Sie mit aufgeklebten Stoffstückchen.

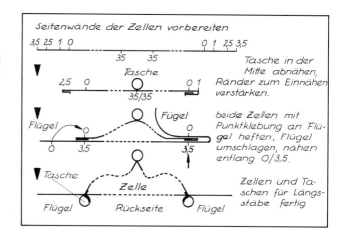

Die Querstabenden werden abgerundet und die Taschen dem Stab angepaßt.
Nach dem Annähen der Bespannung sichern Sie die Löcher mit Gewebekleber gegen Einreißen.

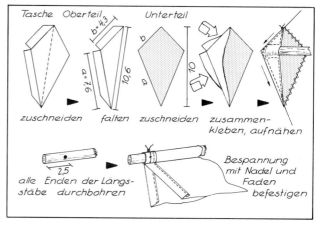

Den Achsholm dürfen Sie nur an seinen Enden durchbohren. Zur Mitte hin spannen Sie die Zellenwände an verleimten Schnurwicklungen. Wenn Sie die Taschen eng genug gearbeitet haben, genügt auch wenig Gewebekleber, um die Bespannung an den Stäben anzukleben. Die Waage befestigen Sie mit Nadel und Faden um den Achsholm.

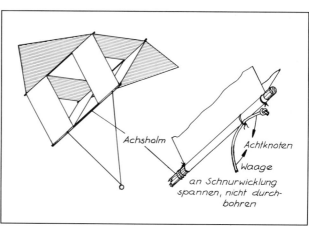

Der Conyne verträgt kräftigen Wind.

Der doppelte Conyne

Sie brauchen: Kräftigen und dichten Baumwollstoff, 180 x 118 cm, für die Rückseite, 4 Bahnen à 35,7 x 73,9 cm für die Zellenwände. 6 Raminrundstäbe, ⌀ 9 bis 10 mm; 1 Querstab aus Kiefernholz, 10 x 10 mm, ca. 158 cm lang (anpassen!). Gewebekleber, Nähutensilien, Nähmaschine. Vierschenkelige Waage.

Die zweizellige Ausführung des Conyne-Drachens besticht durch ihre guten Flugeigenschaften ab mittleren Windgeschwindigkeiten. Aber auch bei stark böigen Winden verhält sich dieses Modell gutartig, so daß ein geübter Drachenpilot keine Mühe haben wird, den Conyne in der Luft zu halten.

Wie bei allen bewährten klassischen Drachenmodellen, gibt es auch vom Conyne eine große Zahl von Abwandlungen. Die bekannteste ist der französische Beobachtungs- und Rettungsdrachen, der zwei oder drei Dreieckszellen besaß und zusätzlich verstrebt war. Er diente der französischen Marine bei der Rettung Schiffbrüchiger. Eine relativ neue Drachenschöpfung ist der Delta-Conyne, ein Deltadrachen, der anstelle des Kiels zwei Dreieckszellen besitzt.

Der doppelte Conyne, mit zwei parallel angeordneten Paaren von Dreieckszellen, verfügt über noch mehr Hebekraft und größere Flugstabilität als die einfache Version. Wenn Sie ihn bauen wollen, müssen Sie zunächst die ausführliche Bauanleitung für den einfachen Conyne ganz gründlich durchlesen.

Die vier hinteren Längsstäbe ragen nur mit ihren Enden 2 cm aus den durchlaufenden Taschen hervor. Der Querstab steckt nur mit seinen Enden in den Taschen an den Flügelspitzen. An den beiden inneren Längsstäben wird er zusätzlich angebunden.

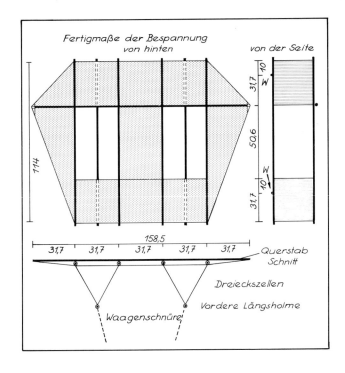

Zeichnen Sie die Umrisse sehr genau mit allen Hilfslinien auf und schneiden Sie zu. Beim Säumen, Abnähen der Stabtaschen und Zusammenfügen der Zellenwände mit dem Drachenrücken verfahren Sie so, wie es beim einfachen Conyne beschrieben ist. Achten Sie auch hier darauf, daß im Bereich der großen Löcher die seitlichen Säume so nach vorne umgeklebt werden, daß genügend Material zum Abnähen der Taschen stehenbleibt.

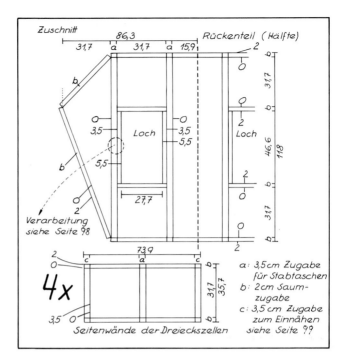

Wenn Sie die Drachenteile zusammengenäht haben, passen Sie die Taschen an den Flügelspitzen dem abgerundeten Querstab an. Alle Ecken der Löcher sichern Sie mit aufgeklebten Stoffstücken. Schlagen Sie in das Mittelsegel nahe zu den oberen Ecken der Löcher Ösen ein, durch die Sie Leinenbänder ziehen, um den Querstab anzubinden. Die beiden zweischenkeligen Waagen, die Sie am Zugring vereinigen, müssen Sie genau gleich bemessen.

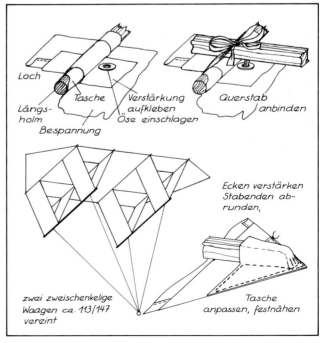

Mit dem doppelten Conyne werden Sie sehr viel Freude haben. Er steigt sehr rasch aus der Hand und stabilisiert sich steil über dem Piloten. Wenn er bei starkem Wind hin und her schwankt, muß die Waage flacher eingestellt werden.

Die Zugkraft des doppelten Conynes kann man weiter steigern, wenn man die Löcher ganz oder teilweise schließt. Aber denken Sie daran, daß dann ein stabilisierendes Element verlorengeht. Die Leine eines so zuverlässigen Drachens bietet sich auch an für das Spiel mit einer Drachenfähre oder für den Transport einer leichten Fotokamera zu Luftaufnahmen.

Auch als Leitdrachen bei Drachengespannen habe ich ihn erfolgreich eingesetzt.

Peter-Lynn-Kastendrachen

Der Peter-Lynn-Kastendrachen hat ein verblüffend einfaches geometrisches Grundmuster. Er besteht aus insgesamt zwölf gleich großen Dreiecken, von denen acht die zwei Zellen formen und die restlichen vier die Flügel bilden. Da er mit nur wenigen stützenden Elementen auskommt, ist das Verhältnis zwischen Masse und tragender Fläche sehr günstig. Er eignet sich daher ganz ausgezeichnet für Transportaufgaben. Die Maße habe ich so gewählt, daß das handelsüblich 140 cm breite Tyvek ohne Verschnitt genutzt werden kann.

Der Selbstbau dieses Drachens kostete 1984 etwa 22 DM. Eine wirklich bescheidene Ausgabe für diesen herrlichen Drachen.

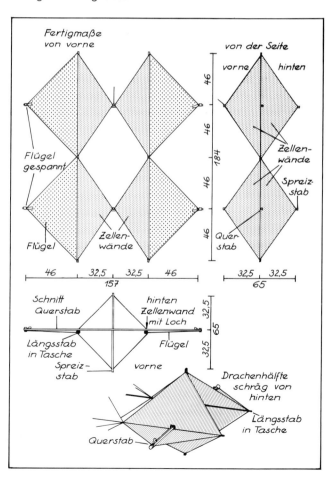

Für den Peter-Lynn-Kastendrachen brauchen Sie:
2,1 lfd. m Tyvek, 140 cm breit; 2 Fichten- oder Raminrundstäbe, ⌀ 9 bis 10 mm, je 185 cm lang; Fichten oder Raminleisten, 10 x 10 mm: zwei je 161 cm, zwei je 68 cm lang; 160 cm Leinenband (12 mm); 8 cm PE-Schlauch, ⌀ i. ca, 12 mm; Nähutensilien (Nähmaschine!), geflochtene Schnur, ca. 2 mm stark; Alles- und Gewebekleber.

Der Peter-Lynn-Kastendrachen ist nach einem neuseeländischen Drachenfreund benannt, der ihn 1978 beim großen amerikanischen Drachenfestival demonstrierte. Bei den zahllosen Drachen, die ich bisher gebaut und geflogen habe, ist mir noch kein Modell begegnet, das sich so problemlos selbst stabilisierte. Da die Befestigung der Drachenleine direkt am Ende eines Spreizstabes, also ohne Waage erfolgt, gibt es keine Einstellfragen.
Auch bei schwachem Wind läßt sich der Peter-Lynn-Drachen zuverlässig aus der Hand starten. Wendet man dann wiederholt die Methode des Driften- und Steigenlassens an (Seite 112), so kann man ihn in wenigen Minuten in beträchtliche Höhe bringen. Die Luftaufnahme auf Seite 127 gelang mit Hilfe des Peter-Lynn-Kastendrachens.

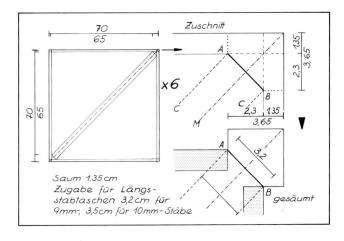

Das Quadrat müssen Sie sechsmal zuschneiden. Am besten machen Sie sich eine Schablone aus Papier. Bei allen Quadraten zeichnen Sie an den beiden Ecken einer Diagonalen alle Hilfslinien ein. Bei vier Quadraten schneiden Sie senkrecht zum Rand bis A und B ein. Säume umkleben. An je einer Ecke pro Quadrat kleben Sie die Fläche entlang A–B nach innen; das gibt die oberen und unteren Ecken des Drachens. Je zwei dieser vier Quadrate kleben Sie nun so zusammen, daß die Linien A–B in der Mitte genau übereinander liegen. Jetzt haben Sie die Zellenwände für je eine Drachenseite zusammengefügt.

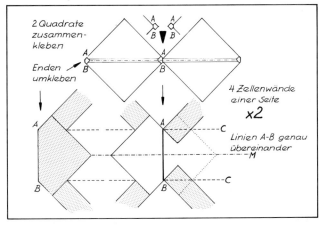

Bei den restlichen beiden Quadraten schneiden Sie die beiden Ecken entlang A–B ganz ab. Säumen und entlang M trennen; das gibt die vier Flügel, an deren Spitzen Sie je eine Leinenbandschlaufe beidseitig aufkleben und -nähen.
Flügel auf Zellenwände auflegen (M auf M), Punktklebungen zwischen M und C. Zellenwände so in M falten, daß die Flügel zwischen den Zellenwänden liegen (C auf C). Entlang C Taschen für die Längsstäbe abnähen und gleichzeitig Flügel einnähen.
Spitzen der Zellenwände mit Tyvek verstärken und je zwei mit aufgenähten Schnüren so verbinden, daß der Spreizstab gerade noch Platz hat. Längsstäbe in Taschen einkleben, Löcher für die Querstreben schaffen, Lochränder mit Tyvekresten verkleben.

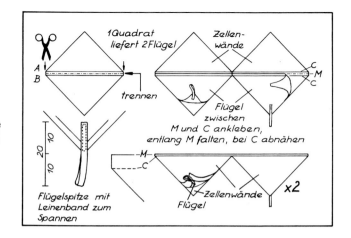

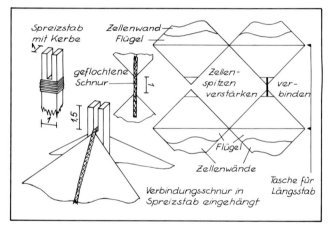

Erleichtern Sie sich die Aufbauarbeit, indem Sie zusammengehörende Spreizstäbe und Zellenwände farbig markieren. Fügen Sie zuerst die Spreizstäbe ein und spannen Sie dann die ganze Konstruktion an den Querstreben. Zur Sicherung können die Kreuzungen der Quer- und Spreizstäbe mit Leinenband gebunden werden.

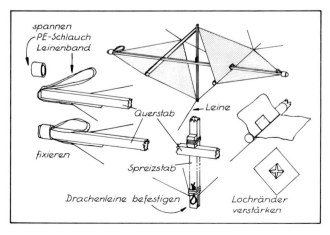

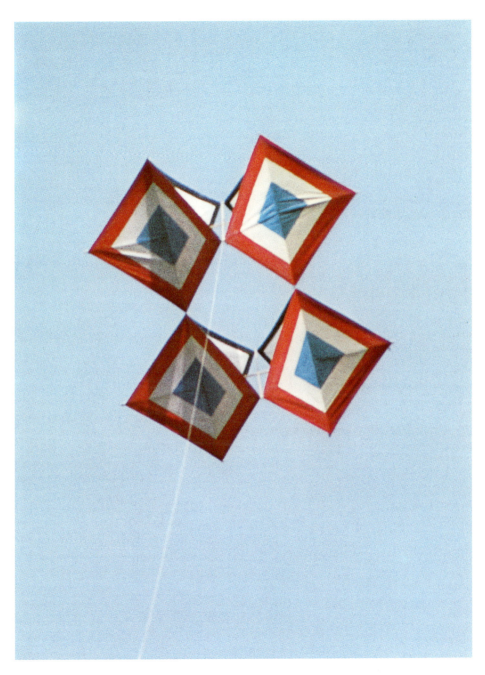

Der Peter-Lynn-Kastendrachen ist eine der ganz großen Drachenschöpfungen aus jüngerer Zeit.

Drachen für Eilige

Das Material haben Sie im Haus.

Diese Drachen kosten fast nichts.

Dünne Bambussplittstäbchen sind leicht, aber zäh und elastisch.

Die Steifheit des Zeichenpapiers macht die gespannte Schnur, beim Schlittendrachen sogar Gerüststäbe überflüssig.

Ein Papierfaltdrachen mit Pfiff.

Diese kleinen Drachen sind wirklich schnell und einfach mit Materialien zu bauen, die in einem Haushalt üblicherweise vorhanden sind, also gerade richtig, wenn Sie spontan anfangen wollen. Ganz besonders will ich diese Drachen als Einstiegsdrachen Eltern und Erziehern empfehlen, die mit sehr kleinen Kindern den ersten erfolgreichen Selbstbau erleben möchten.

Sie werden mit Ihren Modellen keine Probleme haben, wenn Sie auf geringe Masse und gute Symmetrie achten. Die Flachdrachen kommen in dieser Größe mit zwei dünnen Gerüststäbchen als stützendem Element aus. Käufliche Bambussplittstäbe (notfalls berauben Sie eine Topfpflanze des Stützstabes) verarbeiten Sie zu 1,5 bis 2,5 mm starken Leistchen. Den Querstab müssen Sie, wie später auch den ganzen Drachen, ausbalancieren (Seiten 10 und 38).

Die Bespannung der Flachdrachen und des folgenden Schlittendrachens gewinnen Sie jeweils aus einem DIN-A3-Zeichenblatt. Falten Sie das Blatt in der Mitte und schneiden Sie dann möglichst beide Lagen gleichzeitig mit einem scharfen Messer zu. So erhalten Sie einwandfreie Symmetrie.

Der letzte dieser Drachen ist der kleinste, aber auch der raffinierteste; der Papierfaltdrachen hat als flugstabilisierendes Element einen großen Kiel und, wenn Sie die Querstrebe biegen, auch einen Flächenwinkel und kann, bei richtig gewählter Leinenbefestigung, ohne Schwanz fliegen. Allerdings läßt ein Schwanz diese Winzlinge auch lustiger erscheinen.

Flachdrachen

Sie brauchen:
Ein DIN-A3-Zeichenblatt
(80 g/m² genügt),
2 Bambussplittstäbchen,
29 und 39 cm lang,
dünne Drachenschnur
für die Waage 22/38.
Schwanz: Krepp- oder
Zeitungspapier. Klebeband, Alleskleber, Leine:
Zwirnsfaden.

Zuschneiden, Stäbe
durchstecken, Kreuzungspunkt fixieren, um
Ankleben der Stabenden
zu ersparen. Waagenpunkte mit Klebstoff
sichern. Der Einstellring
aus der Spule hat das
richtige Maß und Gewicht. Ausbalancieren.
Kreppapierschwänze:
1. 12 x 200 cm +
(2x) 6 x 250 cm;
2. Schlaufe aus
7 x 250 cm, durchlöchert;
3. (2x) 7 x 250 cm.
Schwanz und Waage im
Flugversuch anpassen!

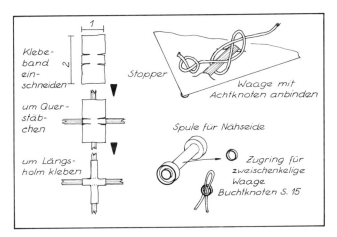

Schlittendrachen

Die Löcher des Gesichts
haben auch stabilisierende Funktion. Beide
seitlichen Ecken verbinden Sie mit der 1 m
langen Waagenschnur,
in deren Mitte die Leine
befestigt wird.
Schlaufenschwanz aus
3 x 200 cm Krepppapier,
bei stärkerem Wind mit
5 x 200 cm Kreppapier
verlängern!

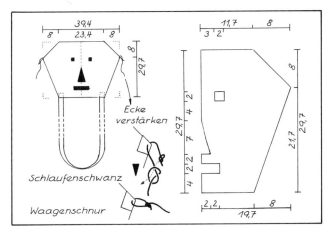

Faltdrachen

Sie brauchen pro Drachen:
1 Blatt Schreibmaschinenpapier DIN A4;
1 Bambussplittleistchen, 1x1,5 mm, 17 cm lang;
Klebeband, Alleskleber, kräftigen Nähfaden.

Dieser lustige Drachen ist besonders schnell zu bauen und läßt sich auch in kleinen Serien herstellen, wenn Sie ein Kinderfestchen mit einem Drachenwettfliegen oder mit dem gemeinsamen Start einer Drachenkette krönen wollen.
Für Einzeldrachen genügt es, wenn Sie den Kiel an der richtigen Stelle durchstechen und dort einen Acrylfaden anbinden.
Für Drachenketten macht man vor und hinter dem Drachen Schlaufen aus kräftigem Faden (Klebstoff auf die Durchstiche), die man mit 1,5 bis 2 m langen Leinen aus dünner Drachenschnur verbindet.

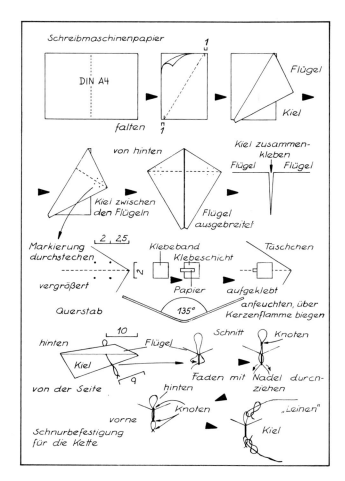

Farbfoto rechts oben:
Die kleinen Flachdrachen und der Zeichenpapiersled sind muntere Flieger.

Farbfoto rechts unten:
Kette aus vier Faltdrachen.

Das Spiel mit den Drachen

Das Fluggelände

Sicherheitsvorschriften

Geeignetes und ungeeignetes Gelände

Die Tabelle auf der Seite gegenüber gibt Auskunft über geeignete Windstärken.

Flughöhe auf 100 m begrenzen

Starten, Steigenlassen, Landen

Wind prüfen

Start aus der Hand

Der Drachen ist fertig, jetzt geht es zum Start. Das ausgewählte Fluggelände soll möglichst keinen höheren Baumbestand haben, es darf nicht in der Nähe eines Flugplatzes liegen und muß frei von Hochspannungsleitungen sein. Überzeugen Sie sich, daß Ihr Drachen, falls er plötzlich abstürzen oder sich losreißen sollte, nicht auf einer Straße oder einem Bahndamm niedergehen kann.
Sehr gut geeignet ist ein freies Gelände, das mit dem Wind ansteigt. Schlechte turbulente Windverhältnisse herrschen, nachdem der Wind unmittelbar ein Hindernis, z. B. eine Bergkuppe, eine hohe Hecke, eine Baumgruppe oder ein hohes Gebäude überwunden hat. Ideal für das Drachensteigen sind wenig bevölkerte Meeresstrände, besonders bei auflandigem Wind. Begrenzen Sie Ihre Drachenleine auf 120 m, denn in Deutschland ist die maximal erlaubte Flughöhe 100 m.
Die Waage des fertig aufgebauten Drachens stellen Sie grob ein. Prüfen Sie nun den Wind durch hochgeworfenes Gras oder Sand oder mit dem angefeuchteten Zeigefinger. Denken Sie daran, daß der Wind in Bodennähe unregelmäßig weht und auch kleine Hindernisse, wie eine Menschengruppe oder ein kleiner Busch, Turbulenzen erzeugen können. Stellen Sie sich mit dem Rücken zum Wind, fassen Sie den Drachen am Zugpunkt und schwingen Sie ihn in die Fluglage hoch. Ist die Waage richtig eingestellt und der Wind ausreichend, wird der Drachen an Ihrer Hand im Wind stehen. Geben Sie ihm Schnur. Beobachten Sie sein Flugverhalten und holen Sie ihn, falls nötig, zur Feineinstellung sofort wieder ein.

Windstärke (Beaufort)	Bezeichnung	Windgeschwindigkeit km/h	Auswirkung an Land	geeignet für
0	Windstille	0–1,5	Rauch steigt senkrecht auf	
1	leiser Zug	1,5–6	Rauch steigt schräg auf	leichteste Drachen, Sled, Flachdrachen mit sehr leichtem Gerüst (Schilf) und Papierbespannung
2	leichte Brise	6–11	Blätter säuseln	
3	schwache Brise	11–20	Blätter bewegen sich	idealer Wind für die meisten Drachen
4	mäßige Brise	20–28	Staub wirbelt auf, dünne Äste bewegen sich	
5	frische Brise	28–35	kleine Laubbäume schwanken	Widerstandsfähige Stoff-, Kunststoff- und Tyvekdrachen, Kasten und stabile Lenkdrachen
6	starker Wind	35–45	Heulen, Schirme schwierig zu benutzen	
7	steifer Wind	45–56	fühlbare Hemmung beim Gehen	extrem reißfeste Lenk- und Kastendrachen

Ab Windstärke 7 droht allen Drachen Zerstörung in der Luft.

Michael und Maresa beim Hochstart

Der Hochstart

Beim Hochstart kann ein langer Schwanz schneller seine stabilisierende Wirkung entfalten.

Technik des Steigenlassens

Geben Sie dem Drachen Schnur, so daß er gerade noch im Wind bleibt. Fassen Sie die Leine mit der rechten Hand und „pumpen" Sie, indem Sie ruckartig an der Schnur ziehen und wieder nachgeben. Der Drachen richtet sich immer wieder auf und kann dabei den Wind voll nutzen. Holen Sie gleichzeitig etwas Leine ein. Durch Pumpen können Sie einen Drachen auch über eine vorübergehende Flaute in der Luft halten.

Wenn der Drachenstart aus der Hand nicht gelingt, sei es, daß der Drachentyp dafür gar nicht geeignet ist oder daß der Wind zu schwach oder zu stark weht, dann versuchen Sie mit Hilfe einer zweiten Person einen Hochstart.
Sie stehen wieder mit dem Rücken zum Wind und haben die Leine in der Hand. Der Gehilfe steht Ihnen in 15 bis 30 m Entfernung gegenüber und hält vor sich den Drachen in die Höhe. Die Drachenschnur ist eingehängt und gespannt, der Schwanz liegt vor dem Drachen auf dem Boden ausgebreitet. Bei schwachem Wind warten Sie, bis der Drachen auf den Wind reagiert. Dann geben Sie dem Helfer das Zeichen zum Loslassen und ziehen gleichzeitig mit einem kleinen Ruck an der Leine. Vielleicht müssen Sie dem Drachen mit wenigen Schritten gegen die Windrichtung über die ruhigere Luft der Bodenzone hinaushelfen. Auf keinen Fall sollten Sie eine längere Strecke rennen. Wenn durch diese Methode Ihr Modell nicht abhebt, ist es falsch eingestellt oder für den herrschenden Wind zu schwer. Geht ein kräftiger Wind, so werden Sie Mühe haben, dem Drachen schnell genug Schnur geben zu können. Sie sind gut beraten, wenn Sie Ihre Hand, durch die Sie die Drachenschnur gleiten lassen, mit einem Arbeitshandschuh aus Leder schützen.
Bei schwachem Wind wählen Sie eine besonders leichte Schnur. Beginnen Sie möglichst mit einem Hochstart und wenden Sie dann die unten skizzierte Methode des „Steigen- und Driftenlassens" an, mit der Sie den Drachen langsam in größere Höhe bringen können, wo der Wind immer kräftiger und gleichmäßiger als am Boden bläst.

Den Drachen kann man durch Schnurgeben beinahe bis zum Boden absinken lassen, bevor man ihn mit einem kleinen Ruck an der Leine wieder aufrichtet und durch Pumpen die Entfernung in Höhe umzusetzen versucht.

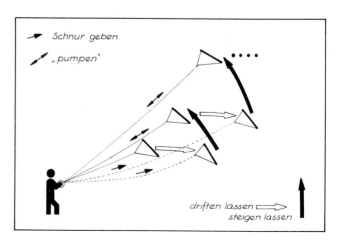

Der Handstart gelingt bei mittleren Windstärken mit vielen Drachen. Beim Delta macht er keine Mühe, wenn man die Schnurzugabe richtig dosiert.

Tips für die Stabilisierung

Jeder Drachen hat seine charakteristischen Flugeigenschaften. Es ist daher sehr schwierig, allgemeingültige Regeln für die Korrektur eines instabilen Flugkörpers anzugeben. Letztlich wird es auf die Erfahrung, das Geschick, den Spürsinn und die Geduld des Drachenpiloten ankommen, wenn ein wirklich schwieriges Modell durch umfangreiche Experimente zu einem flugtauglichen Gerät getrimmt werden soll.

Landung bei starkem Wind

Bei leichtem Wind wird sich die Drachenschnur aufwickeln lassen, bis der Drachen in Ihre Hand zurückgekehrt ist. Bei starkem Wind müssen Sie den Drachen beim Einholen der Leine gut beobachten und auf sein Verhalten schnell reagieren.

Wenn Ihr Drachen beim Start nur hin- und herwackelt und trotz ausreichendem Wind nicht steigen will, müssen Sie die Waage flacher stellen (Zugpunkt nach oben verlegen) oder den Schwanz kürzen. In umgekehrter Richtung müssen Sie den Zugpunkt verschieben, wenn der Drachen hochsteigt und dann in einem flachen Bogen zur Erde zurückfällt. Es kann vorkommen, daß ein hochstehender Drachen plötzlich mit seitlichen Loopings abzustürzen beginnt. Beruhigen Sie ihn, indem Sie ihm ruckartig nachgeben, wenn er sich gerade aufwärts richtet. War die Instabilität nur durch eine zufällige Turbulenz bedingt, wird sich der Drachen auf diese Weise wieder fangen lassen, andernfalls müssen Sie ihn vorsichtig einholen und die folgenden Punkte überprüfen: Flächensymmetrie, Gleichgewicht, Kantenspannung und gleichmäßige Wölbung. Wenn Sie dort keinen Fehler entdecken können, experimentieren Sie weiter mit der Waageneinstellung, mit einem verlängerten Schwanz, mit seitlichen Stabilisierungsstreifen oder, bei Drachen mit Flächenwinkel, mit der Wölbung. Bleibt der Drachen zwar oben, benimmt er sich aber wie ein Zappelphilipp, dann können Sie ihn durch eine längere Waage, einen Schwanz mit größerem Luftwiderstand oder auch mit seitlichen Stabilisierungsbändern ruhigstellen.

Geübte Drachenpiloten, vor allem von asiatischen Kampfdrachen, belassen ihre Drachen bewußt instabil, um das Spiel mit einem lebendigen und bedingt lenkbaren Fluggerät voll auskosten zu können.

Bei starkem Wind holen Sie die Leine Hand über Hand ein. Legen Sie die Schnur auf dem Boden aus, damit Sie einen Schnurvorrat haben, von dem Sie dem Drachen immer dann ruckartig ein Stück geben, wenn er zu einem Sturz ansetzen möchte. Wenn der Drachen sich gar zu wild gebärdet, gehen Sie ihm entgegen. Wenn ein Gehilfe die Schnur festhält, können Sie auch auf den Drachen zulaufen und mit der geschützten Hand die Schnur nach unten drücken. Halten Sie die Leine fest und gehen Sie mit ihr langsam zu Ihrem Ausgangspunkt zurück und lassen Sie Ihren Gehilfen die Schnur aufwickeln. Ist Ihr Modell nur noch knapp über dem Boden, nutzen Sie eine ruhigere Windphase, um den Drachen durch plötzliches Nachgeben niedergleiten zu lassen. Beschweren Sie sofort den Drachen und versorgen Sie, falls vorhanden, zunächst den Schwanz, bevor er sich verdrehen und verheddern kann.

Kastenkombinationen

Die Kantenstäbe verbindet man mit Polyethylenschlauchstücken. Für zwei Kantenstäbe muß deren Innendurchmesser 10 mm, für drei oder vier Kantenstäbe 13 mm sein. Zur besseren Fixierung kleine Leistenstücke (schwarz gezeichnet) einfügen!

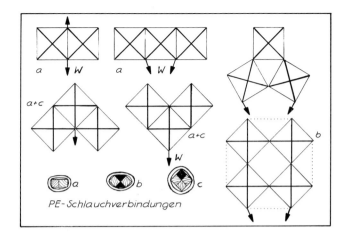

PE-Schlauchverbindungen

Drachengespanne

Fügt man zwei Kastendrachen so zusammen, daß in der Mitte eine Waage nach vorne und eine nach hinten liegt, so kann man eine Kette aus Kastendrachen bilden (Foto Seite 120). Experimentell wurden diese Maße für die Waagen ermittelt.

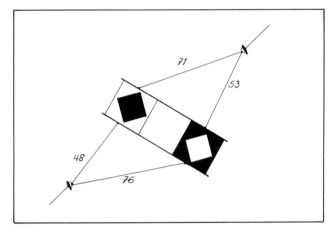

Vereinigen Sie Ihre Drachen zu einem bunten Gespann (Foto Seite 121). In die Schnur eines zuverlässigen Leitdrachens bringen Sie mittels Buchtknoten Metallringe, an denen Sie die Leinen weiterer Drachen anbinden. Die Kette aus Eddy-Winzlingen auf Seite 125 und der Tatzelwurm auf Seite 117 sind ebenfalls Drachengespanne.

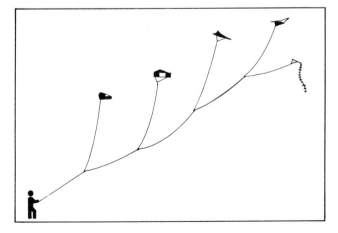

Dreierkombinationen

In einem rechten Winkel zusammengesetzte Kastendrachen fliegen ab mittleren Windstärken. Beide Kombinationen sind über eine zweischenkelige Waage befestigt. Die rechts abgebildete Anordnung kann den Wind etwas besser nutzen.

Bei diesen beiden Spielarten sind die Waagen von je zwei Einzeldrachen zu je einer vierschenkeligen Waage vereint. Beide haben gute Zugkraft; die Dreiecksanordnung ist außerordentlich flugstabil.

Viererkombination

Alle inneren Kantenstäbe sind in der Mitte mit Leinenbändern zusätzlich verschnürt. Alle äußeren Kantenstäbe sind in ihrer Mitte mit einer umlaufenden Schnur in ihrer Lage fixiert. Die zweischenkeligen Waagen an den beiden Vorderkanten sind zu einer vierschenkeligen Waage verbunden.

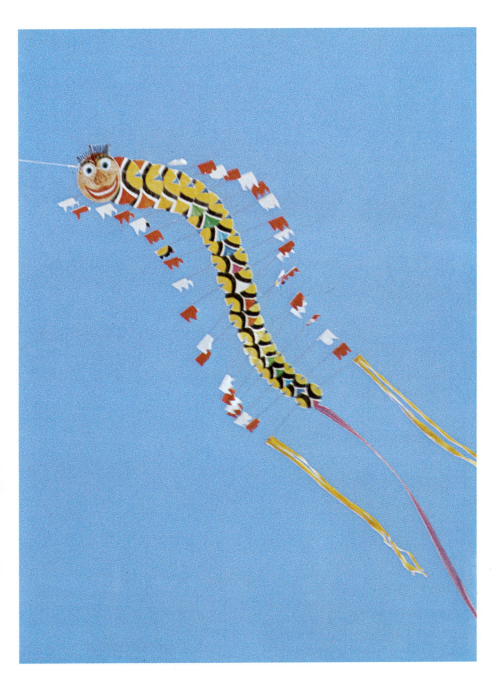

Die Mühen des zeitraubenden Baus sind schnell vergessen, wenn sich der Tatzelwurm wild rudernd am Himmel bewegt.

Der Tatzelwurm

Das Gespann aus Kreisscheiben wird auch Hundert- oder Tausendfüßler, Centipede und Raupe genannt. Es wurde schon mit mehr als 100 Scheiben gebaut. Die Größe der Scheiben nimmt von vorne nach hinten ab (Zahl am oberen Scheibenrand gleich Durchmesser in cm). Der Abstand zwischen den Kreisflächen nimmt nach hinten ebenfalls ab. Die enormen Zugkräfte wirken nicht auf die einzelnen Scheiben, sondern nur auf die drei Verbindungsschnüre und werden dann bei der Kopfscheibe voll spürbar. Die vierschenkelige Waage besorgt bei diesem großen Tatzelwurm eine gute Kräfteverteilung.

Der Hundertfüßler stammt aus China, wo er aus Bambusstäben, Reispapier und Reisstrohbüscheln hergestellt wird. Den Namen Tatzelwurm erhielt er spontan von einem Drachenfreund beim Anblick meines ersten neunscheibigen, wild rudernden Gebildes.
Dieses Gespann zu bauen, ist so richtig eine Arbeit für eine ganze Familie, einen Freundeskreis oder eine Schulklasse. Aber auch der allein kämpfende Drachenenthusiast kann mit der hier gezeigten Methode in überschaubarer Zeit einen ansehnlichen Tatzelwurm auf die Beine stellen. Ich beschreibe hier meinen zwanzigscheibigen Tatzelwurm Nr. 4, der 1983, neben der Kette aus Eddy-Winzlingen, die Attraktion bei einem privaten Drachenfest an unserem Urlaubsstrand war.

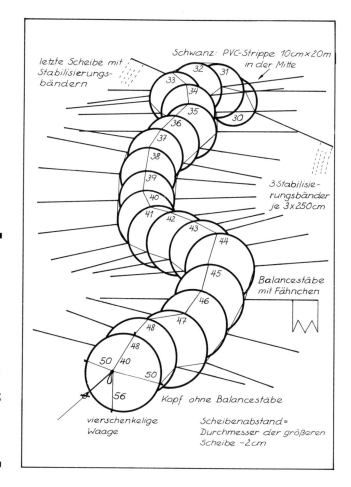

Sie brauchen:
Peddigrohr, ⌀ 4 mm; zwei 60 cm und zwei 50 cm lange Bambussplittstäbe pro Scheibe; Trinkhalme, ⌀ 5 mm; Tyvek als Bespannung; geflochtene Perlonschnur, ⌀ 1,5 mm, zum Verbinden der Scheiben; Vierschenkelige Waage; Kreppapier, PVC-Strippe; Plaka- und/oder Abtönfarben; Klebeband, Alleskleber, Nähutensilien.

Bauen:
Anfang des Peddigrohrs abschrägen, Rohrverbindungen für oben aufschieben, Peddigrohr aufkleben, Rohrverbindung oben auf Marke ausrichten. Peddigrohr unten im Trinkhalm so verkleben und verkeilen, daß die Abzweigung auf der Marke steht. Tyvek mit 0,5 cm Zugabe ausschneiden, Zugabe ankleben, beschwert trocknen lassen, bemalen.

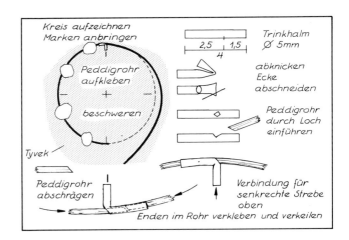

Senkrechten Stab einpassen und einkleben. Bambussplittstäbe für Balancestäbe dünner schnitzen, zusammensetzen, ausbalancieren, Tyvekfähnchen ankleben, mit senkrechter Strebe in Drachenmitte und mit Peddigrohrrand verbinden (Seite 50/51). Zwei Leistenpaare links und rechts halten den eingestellten Abstand, wenn Sie die beiden seitlichen Verbindungsschnüre anbringen. Oben nähen Sie die Schnur mit kräftigem Faden an. Über den verknoteten Fadenenden verknoten Sie auch die Verbindungsschnur. Alle Knoten mit Alleskleber sichern! Waage an den Überständen der Kopfstreben befestigen. Stabilisierungsbänder aus Kreppapier und PVC-Strippenschwanz erst vor dem Start anbringen.

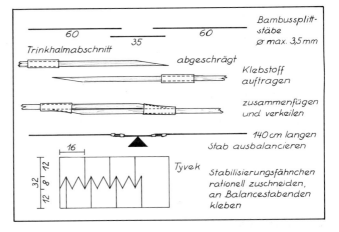

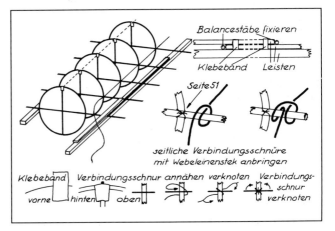

119

Mit nur wenigen Handgriffen läßt sich aus sieben Grundmodellen diese Kastenkette bilden.

Drachengespann mit schwanzbewehrtem Hexagon als Leitdrachen, an dessen Leine die Drachen in der Reihenfolge Delta, Eddy, Conyne und Sled angebunden sind.

Mut zum Spielen

Ein gut zusammengestelltes buntes Drachengespann kann ein richtiges Kunstwerk sein (Farbfoto Seite 121).

Die Kastenkette (Farbfoto Seite 120) ist aus sieben Grundmodellen des Kastendrachens aufgebaut. Die großen Zugkräfte müssen durch die Drachen hindurch zum Piloten geleitet werden, um eine Zerstörung der Kastendrachen zu vermeiden.

Drachenpost, Läufer und Drachenfähre

Drachenpost und rotierende Läufer haben einen Schlitz, durch den die Drachenschnur eingeführt werden kann.

Die Läufer sind aus Zeichenpapier ausgeschnitten. Die Dreiecks- und Halbkreisflächen werden leicht gegen den Drachen ausgestellt, so daß der Wind die Läufer in Drehung versetzen kann. Mit einem Stück aus einem Trinkhalm erreicht man eine gute Führung entlang der Drachenleine.

Der Umgang mit Drachen sollte sich nicht darin erschöpfen, einen Drachen flugstabil zu trimmen, um ihn dann möglichst lange und hoch in der Luft zu halten. Spielen Sie mit Ihren Drachen und suchen Sie das gemeinsame Spiel mit anderen Drachenfreunden. Zur Schaffung eines bunten Drachengespanns können Sie sich mit Gleichgesinnten zusammentun. Aber wählen Sie die Drachen sorgfältig aus und überlegen Sie gut die Positionierung der einzelnen Modelle. Das Hexagon ist z. B. ein guter Leitdrachen, kann aber innerhalb einer Reihe mit seinem Schwanz heillose Verwirrung stiften.

Das Gespann aus Kastendrachen entwickelt sehr große Zugkraft. Oben fliegt ein einfacher Kasten mit zweischenkeliger Waage auf einer Kante. Bei schwächerem Wind sollte er ein Flügelpaar bekommen. Bei den darunter angebrachten Zweierkombinationen nehmen die Zugkräfte nach unten kolossal zu. Spannen Sie in der Drachenmitte eine kräftige Schnur von den hinteren zu den vorderen Kantenstäben, um die Kräfte besser zu verteilen. Bei der Kette aus Eddy-Winzlingen wirken die Zugkräfte nur auf die Schnur, nicht auf die einzelnen Drachen.

Ein weiteres reizvolles Spiel eröffnet die Schnur eines ruhig stehenden Drachens. Die einfachste Drachenpost ist ein Papierfetzen mit einem Loch in der Mitte, der vom Wind der Schnur entlang zum Drachen getrieben wird. Die Drachenfähre ermöglicht den Transport kleiner Lasten bis zum Drachen, wo sie dann abgeworfen werden. Wählen Sie aber keine Lasten, die jemanden gefährden oder die Umwelt belasten könnten.

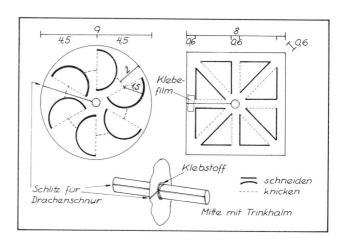

Drachenfähre bauen:
Die drei Bambusrohre durch verleimte Schnurwicklungen verbinden. Drahtspiralen anbringen. Achse des Segels in Achslager einführen, Segelgerüst zusammenbauen, Tyvek- oder Stoffsegel aufkleben, Halteschnur für das Segel anbinden, Rückstellgummi mit kleinen Drahtösen befestigen. Kanten der Sperrholzversteifung gut abrunden, mit Auslösedraht verkleben (Auslöseweg a beachten!), Prallfläche des Auslösers formen.

Und so funktioniert die Fähre:
Die Last hängen Sie in die hintere, die Schnur, die das Segel in den Wind stellt, in die vordere Arretierung ein. Am Ziel binden Sie ein Stück Holz als Anschlag in die Drachenschnur. Hängen Sie die Fähre in die Leine ein. Durch den Wind wird sie nach oben geführt, prallt auf das eingebundene Holz, wodurch die Schnur des Segels und die Last freigegeben werden. Das Segel klappt durch den Gummizug um, die Fähre kehrt durch die Gewichtskraft zum Piloten zurück.

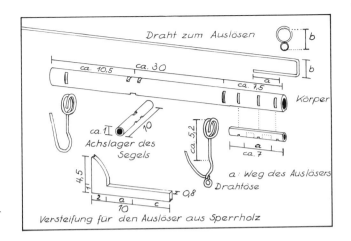

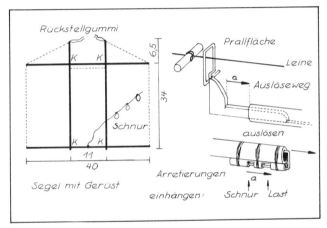

Höhenmessung mit einem Geo-Dreieck

Sie brauchen:
Ein Geo-Dreieck, einen dünnen Nähfaden, ein Metallstück zum Beschweren (Schraubenmutter), Klebefilm.
Einen Taschenrechner mit trigonometrischen Funktionen oder eine entsprechende Funktionentafel.

In unserer rekordsüchtigen Zeit ist wohl die häufigste Frage an den Drachenpiloten: „Wie hoch steht Ihr Drachen?" Man muß nicht Geometer sein und über aufwendige Apparate verfügen, um die Höhe ungefähr berechnen zu können. Befestigen Sie auf der Rückseite eines Geo-Dreiecks mit einem Klebefilmstreifen einen dünnen Faden direkt im 0-Punkt und hängen Sie ihn über die Hypotenuse auf die Vorderseite. Beschweren Sie das freie Ende des Fadens. Peilt man entlang der Hypotenuse des Geo-Dreiecks den Drachen an, so kann man am senkrecht herabhängenden Faden den Winkel β ablesen, daraus den Winkel α ermitteln und die Höhe mit Hilfe der meisten Taschenrechner berechnen. Es kommt auf die Zugkraft des Drachens an, ob Sie mit nur einer Winkelmessung auskommen.

Zur Längenmessung verwende ich eine Drachenschnur, die alle 10 m eine Farbmarkierung trägt.
Ist die Schnur gut gespannt, so kann man die Höhe des Drachens über der Augenhöhe nach nebenstehender Formel schnell ausrechnen, wenn man die Länge l der Drachenschnur kennt.

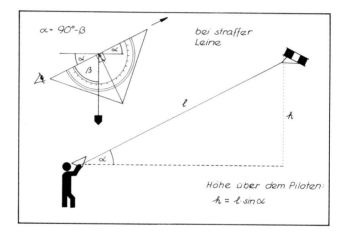

Hängt die Leine stärker durch, muß man auf einer ebenen Fläche eine Strecke a in Richtung auf den Drachen abstecken und den Winkel γ zusätzlich bestimmten (Gehilfe, oder Drachen festbinden). Die Höhe berechnen Sie dann mit der etwas aufwendigeren Beziehung.

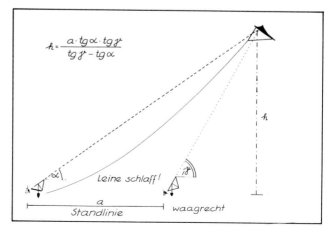

Das Ergebnis eines Bastelabends mit Sabine, Susanne, Silke, Maresa, Andreas, Peter und Ralf: eine Kette aus fünfzig Eddy-Winzlingen über dem Hennestrand.

Für alle Fälle

Beim Gang auf die Drachenwiese führe ich immer meine „Bereitschaftstasche" mit, die alles enthält, was zum Steigenlassen und für kleine Reparaturen nötig ist: Handschuhe, Ersatzleine, geflochtene Schnur, Klebefilm und -band, Alles- und Gewebekleber, Nadeln und Faden, Leinenband, PVC-Strippe, Kreppapier, Stoff-, Tyvek- und Drachenpapierreste, Ringe, Haken mit Wirbel, Hilfen für Schwanzbefestigungen und zur Waageneinstellung, PE-Schlauchstücke, Gummiringe, Draht, Universalschere, Messer, Zange, Säge, Schraubendreher, Feuerzeug, Metermaß, Holzspießchen und Leisten, Schreibzeug und Geo-Dreieck. Der Bodenanker braucht eine eigene Hülle.

Oft kann das Drachenvergnügen schon zu Ende sein, bevor es richtig begonnen hat. Eine kleine Unvorsichtigkeit beim Transport oder beim ersten Start, und eine zerrissene Bespannung oder ein gebrochener Gerüststab machen Ihr Modell unbrauchbar. Für solche Fälle sollten Sie immer gerüstet sein, um wenigstens kleine Reparaturen im Gelände durchführen zu können. Eine Bespannung zu flicken, dürfte mit dem mitgeführten Klebefilm, Klebstoffen und Resten an Bespannmaterial kein Problem sein. Aber auch der Bruch einer Strebe muß nicht immer das Aus bedeuten. Kleben Sie an der Bruchstelle eine oder mehrere Holzschienen an, die Sie an mindestens drei Stellen durch eine Klebeband- oder Schnurwicklung sichern. Solche Flickstellen können viele Flugstunden überstehen. Aber vergessen Sie nicht, Ihren Drachen nach der Reparatur wieder auszubalancieren.

Drachen fotografieren

Kein ganz leichtes Unterfangen

Ihr Drachen, mit Sorgfalt gebaut und mit Liebe gestaltet, soll natürlich auch fotografisch festgehalten oder sogar gefilmt werden. Diese Kinder des Windes entfalten ihre Schönheit erst richtig, wenn sie sich in die Luft erheben. Hat sich ein Drachen in angemessener Höhe über Ihnen stabilisiert, wird er meistens nur als dunkles Objekt vor hellem Hintergrund wiedergegeben. Hier einige Tips für das Fotografieren: Lassen Sie Ihren Drachen nicht zu hoch steigen, auch nicht, wenn Sie ein leistungsfähiges Teleobjektiv haben. Da er in der bodennahen Luft oft instabil ist, engagieren Sie am besten einen Gehilfen, der die Leine führt und den Drachen in die gewünschte Position bringt.

Luftaufnahmen

Ein weiteres Betätigungsfeld für experimentierfreudige Drachenfreunde bietet die Luftfotografie. Diese Luftaufnahme wurde mit Hilfe der unten abgebildeten Kamerafähre geschossen, die von einem Conyne an der Leine eines Peter-Lynn-Kastendrachens entlang nach oben gezogen wurde. In der Leine befand sich ca. 10 m unter dem Peter-Lynn-Drachen ein Hindernis, das beim Aufprall der Fähre den Selbstauslöser der Kamera in Gang setzte, so daß der Verschluß 10 sec später betätigt wurde. Der Zugdrachen stieg seitlich der Hauptleine auf. Eine 15 m lange Schnur verband seine Leine mit der Fähre.

Planen Sie Luftaufnahmen sehr sorgfältig. Gehen Sie nur mit zuverlässigen und eingespielten Gehilfen bei guten Wetterbedingungen ans Werk und führen Sie unbedingt Vorversuche mit Ballastmaterial durch, bevor Sie Ihre kostbare Kamera riskieren.
Denken Sie daran, daß der Innenminister nicht nur die Flughöhe der Drachen auf 100 m beschränkt hat, sondern auch alle Luftaufnahmen sehr kritisch betrachtet.

Richtige Beleuchtung

Drachenzeit ist das ganze Jahr über

Farbfilter benutzen

Wählen Sie kurze Belichtungszeiten

Umwandern Sie Ihr Modell

Zum Schluß

Der Drachen muß richtig beleuchtet sein. Das bedeutet, Sonnenlicht und Wind müssen aus der gleichen Richtung kommen. Die Sonne muß möglichst flach stehen, um den Drachen tatsächlich von vorne zu beleuchten. Im Winter sind diese Bedingungen am ehesten erfüllt. Nur Drachen, deren Farben erst mit dem durchfallenden Licht richtig zur Geltung kommen, sollten Sie im Gegenlicht aufnehmen.
Wenn Sie schwarzweiß fotografieren, brauchen Sie ein Gelb-, Gelbgrün- oder Orangefilter, um dem Himmel Struktur zu geben. Beachten Sie, daß sich dadurch die Belichtungszeit verlängert. Ein lebendig fliegender Drachen, an dem immer irgend etwas flattert, sollte mit maximal 1/250 Sekunde fotografiert werden.
Besonders kritisch wird es, wenn Sie mehrere Modelle gleichzeitig auf ein Bild bringen wollen. Staffeln Sie die Drachen so, daß sie nicht miteinander kollidieren können. Am besten vergewissern Sie sich der Mithilfe erfahrener Drachenpiloten.
Und noch ein Vorschlag: Der begeisterte Drachenfreund sieht seine Modelle meist nur aus der Warte des Piloten. Binden Sie die Leine an und betrachten Sie Ihren Drachen aus anderen Blickrichtungen. Sie werden überrascht sein, wie viele Gesichter Ihr Drachen hat.

Mit diesem systematischen Kurs wollte ich Sie ermuntern, Ihre Drachen selbst zu bauen. Bei der Auswahl der Drachen habe ich mir große Beschränkung auferlegen müssen. Der Drachenhimmel ist tatsächlich vielfältiger, bunter, exotischer, zum Teil auch verrückter, und jeden Tag kommen neue, ganz individuelle Modelle und Varianten dazu. Gesellen Sie sich zu uns Drachenfreunden und bereichern Sie unsere Welt mit den bunten Schöpfungen Ihrer Fantasie. Dazu wünsche ich Ihnen eine glückliche Hand und immer guten Wind.

Werner Backes